理科の授業がもっとうまくなる50の技

Omae Akimasa
大前 暁政

明治図書

はじめに

　まったく同じ教材，実験，展開でも，教師によって，授業は変わってきます。
　それは，教師によって，「授業の腕」が違うからです。

　授業の腕を上げるには，授業の技術や方法を知る必要があります。
　知らなければ，鍛えようがありません。
　まずは，「知ること」から始めないといけないのです。

　次に，「技術や方法」を身につけることが必要になります。技術と方法を意識して使ってみるのです。
　最初は，「この技術を使おう」「この方法を使おう」と，強く意識しなくてはなりません。
　意識して，意識して，授業の中で使ってみるのです。続けているうちに，無意識でも使えるようになってきます。

　日々の授業を，ただ何となく行っているのと，授業の腕を上げることを意識して行うのとでは，数年も経てば明らかな違いが出てきます。
　できるだけ早いうち，できれば20代から意識して授業の腕を上げる努力をすることが大切になるのです。

本書を読み，授業に関する技術や方法を強く意識して，1つずつ日々の授業の中に取り入れていけば，理科の授業がうまくなるはずです。

　2020年に全面実施される次期学習指導要領は，育てたい資質・能力を明らかにすることで大きな改訂が行われました。それらの資質能力を育てるには，教える内容の質，そして授業の質にこだわることが必須です。
　今ほど教師の授業力が問われる時代はないと言ってもよいでしょう。

　本原稿を書くにあたり，理科実践でかかわらせていただいた多くの学校に感謝申し上げます。特に，孕石泰孝氏，岡崎隼人氏，大崎雄平氏には，理科研究を一緒に進め大きな学びをいただいています。
　また，明治図書出版の矢口郁雄氏には，いつも時代のニーズに合った新しいテーマの企画とアドバイスをいただいています。
　お世話になった方々に，記して感謝申し上げます。ありがとうございました。

2017年5月

　　　　　　　　　　　　　　　　　　　　大前　暁政

はじめに

第1章

導入発問がもっとうまくなる10の技

1 「おかしい」「意外だ」と感じる事実を示す ……… 010
2 心理的盲点に気づかせる ……… 014
3 当たり前の中のわからないことに気づかせる ……… 016
4 比較させ，違いに気づかせる ……… 018
5 拡散的な思考を促し，仮説をつくらせる ……… 022
6 「学習するのは自分だ」という意識をもたせる ……… 024
7 あえて失敗させ，謎を解きたいと思わせる ……… 028
8 「他の場合はどうだろう」と問いをもたせる ……… 030
9 食い違う意見を取り上げる ……… 032
10 考えもつかないようなことを考えさせる ……… 036

第2章

授業の組み立てがもっとうまくなる8の技

11 授業の「基本型」を知り，それを応用する ……… 040
12 「活用場面」をどこに位置づけるかを考える ……… 046
13 「問題解決型」の展開を取り入れる ……… 050
14 「発見学習」と「先に教える」を使い分ける ……… 052
15 「探究型」の授業展開を使いこなす ……… 056
16 「自由試行」を取り入れる ……… 060
17 「発展課題」を効果的に用いる ……… 064
18 教えてから考えさせる ……… 068

第3章

教材づくり，教材提示がもっとうまくなる7の技

19 大きなものを用意する ……… 072
20 多様なものを用意する ……… 076
21 体験を通して気づかせる ……… 078

22	子どもにものを用意させる	082
23	まったく別の教材を考えてみる	084
24	様々な情報を集めて教材を探す	088
25	子どもに合う教材を探す	090

第4章
臨機応変な授業展開がもっとうまくなる9の技

26	子どもの理解の状況によって授業展開を変える	094
27	子どもが何に問題意識をもつのか確認する	096
28	子どもの「納得具合」をつかむ	098
29	子どものつぶやきに耳を澄ます	100
30	授業後にイメージを尋ねる	104
31	興味をもたせたうえで,自己決定させる	106
32	答えが1つではない問いを考えさせる	110
33	討論を取り入れる	112
34	「メタ認知」を促す	116

第5章
理科の見方・考え方の育成がもっとうまくなる8の技

35	自然観を育てる	120
36	比較する力を育てる	124
37	因果関係を考える力を育てる	128
38	条件に目を向け,条件を制御して調べる力を育てる	132
39	推論する力を育てる	136
40	クリティカル・シンキングの力を育てる	140
41	知識を活用する力を育てる	144
42	科学的な表現力を育てる	146

第6章
授業の腕磨きがもっとうまくなる8の技

43	実感を伴った理解を促す「演出」を考える	150
44	盛り上がった場面を記録して自分の理論をつくる	154
45	理論を自分の授業に当てはめてみる	156

46	自分の案と先行研究を比べる	158
47	目的に応じて発問を使い分けられるようになる	160
48	子どもに授業改善の視点をもらう	164
49	授業の実践記録をつくる	166
50	新しい授業づくりに挑戦する	168

引用・参考文献 172

おわりに

第1章
導入発問がもっとうまくなる10の技

1 「おかしい」「意外だ」と感じる事実を示す

　「おかしい」「意外だ」と感じる事実を示すと，子どもたちに調べてみたい気持ちが生まれます。
　つまり，**導入では，子どもの「知的好奇心」に訴える現象を示すとよい**のです。

　例えば4年生では，空気や水の性質を学びます。
　そこで，4月の理科の授業で，次の問題を出します。

> ペットボトルに縦横5mmの穴が空いています。
> 水を満タンに入れて，蓋をします。
> 穴から水は出るでしょうか。

　小さな穴ですので，
　「少し出る」
と答える子もいれば，
　「噴水のように出る」
と答える子もいます。
　やってみると，水は出ません。

　次に，少し大きな穴でやってみます。縦横1cmです。

「今度は出てくるだろう」と子どもたちは予想します。しかし,水は一滴も出てきません。

　さらに,横に大きく穴を空けます。縦1cm,横5cmです。

　これはさすがに「滝のようになるだろう」と予想します。
　ところが,水は出てきません。
　子どもたちは,水の壁を見て,「どうして～！」と驚きます。

　こういった事実を見せられると,「どうしてかな？」「自分でも確かめてみたいな」と思います。
　そこで,**子どもたちにペットボトルを渡し,自由に穴を空けて調べさせます。**

大きな穴を空けても，水は出てきません。

ただ，**高さの違う２つ以上の穴を空けると，水が出てきます。**

大気圧や表面張力などが関係するので，４年生には少し難しいですから，

「空気の出入りができる穴があると，水は出てくるよね」

とまとめます。

最後に醬油差しを見せ，醬油差しに２つの穴が空いているのは，空気の出入りのためと説明します。

この授業のように，子どもたちが「おかしい」と思える現象を示すと，追究が始まるわけです。

導入で，子どもが「おかしい」「意外だ」と感じる現象を見せるのですが，これにはコツがあります。

そのコツは，**子どもたちが生活体験で得た「誤概念」を利用する**ことです。

誤概念とは，日々の生活体験で得た知識のうち，間違った理解をしているものを指します。例えば，「雲は，綿のようにふわふわだ」といった間違いのことです。

誤概念に気づかせる現象を見せると，「あれっ，どういうことなのかな？」と感じ，そこから追究が始まるのです。

例えば，子どもたちは，

「重いものほど速く落ちる」

とか，

「振り子は，振れ幅が大きいものほど，揺れるのに時間がかかる」
といった誤概念をもっています。
　そこで，例えば5年「振り子の働き」では，
「振れ幅で，振り子の10往復の時間は変わるかな？」
と尋ねて，「変わらない」という事実を見せればよいのです。
　そうすると，「あれっ，おかしいな」と感じて，知的好奇心がわいてくるのです。

2 心理的盲点に気づかせる

　4年生では，1年間の植物の様子を観察します。このとき校庭の桜を観察するはずです。

　普通に観察させると，漠然とした気づきで終わります。見ているのだけど，大切な情報に気づかないからです。

　そこで，例えば，次のような発問をしていきます。

「桜の花はどこから出てきますか？」
「桜の葉はどこから出てきますか？」
「桜の枝はどこから伸びるのですか？」

　すると，何も問われていないときとは打って変わって，子どもは一生懸命桜を観察するようになります。そして，最初に気づけなかったことが見えてくるようになるのです。

　このような，見ているのだけど気づけていないことを，心理的盲点と言います。この心理的盲点に気づかせるような発問を導入ですると，子どもの追究が始まるわけです。

他の例でも考えてみます。
　３年生では，身近にいる動物の様子を学習します。そして，昆虫の体のつくりや，成長の過程を学びます。
　このとき，運動場や公園などに観察に行くことが多いのですが，ここでも盲点がたくさんあります。
　例えば，地面にセミの穴があいていることには，なかなか気づきません。気づいていても，「だれかが掘った穴だろう」程度に考えています。

　そこで，
「公園にはたくさんの穴があいていました。これは，何の穴でしょうか？」
と尋ねます。
「モグラかな？」
「誰かが悪ふざけでやった」
などと意見が出ます。そこで以下のように伝えます。
「実は何かの幼虫が出てくる穴です。晴れた日の夕方になると，たくさんの幼虫が出てきます。何の幼虫か見つけられるといいね」
　このやりとりだけで，放課後になって，多くの子が自分から進んで公園に観察に行きます。
　見ているけれど気づかなかったことに気づかせることで，追究が始まったわけです。

3 当たり前の中の
　　わからないことに気づかせる

　「当たり前」と思える知識の中に，実はわからないことがあることに気づかせると，追究を促すことができます。

　3年生で，植物の体のつくりを学習します。植物の体は，根，茎，葉に分かれていることを教えます。根，茎，葉に分かれることは，生活体験からも，「当たり前」に思えます。
　ここで，教師が尋ねます。
　「すべての植物に根，茎，葉の3つがあるでしょうか？」
　「運動場の草にも，茎はあるのでしょうか？　草抜きをすると，葉と根しかなかったようですが…」
　「池に浮かぶ水草も，葉と根しかなさそうですが…」
　「サボテンや大根はどうでしょうか？」
　こうして，校庭の草や畑の大根のように普段の生活で見ていた植物でも，実はわかっていなかったことに気づくのです。
　時には，キノコをとってきたり，どう見ても葉と根しかないような雑草をとってきたりします。すると，キノコは植物の仲間ではないことや，葉と根しかないような植物にも実は茎の部分があることを学ばせることができます。

同じく3年生で，昆虫の体のつくりを扱うときの話です。
「羽はどの昆虫にもあるのですか？」
こう尋ねられると，とたんにわからなくなります。
「そもそも羽は何のためにあるのでしょうか？」
「羽のない昆虫に，羽が必要ないのはなぜでしょうか？」
「羽は飛ぶためのもの」といった当たり前の知識の中にも，実はわからないことがたくさん潜んでいます。

6年「土地のつくりと変化」で，地層を学習するときは，次のように最初に問います。
「運動場の土を掘ると地層になっているでしょうか？」
これは，意外とわかりません。普段そういう意識で運動場を見ていないからです。運動場の土を掘ってみると，バームクーヘンのように，地層が現れます。砂状の層や，粘土質の層が見つかり，子どもたちは驚きます。
「もっと掘り進めると，運動場の下はどうなっているでしょう？」
活動の後で，このように問うと，子どもたちは興味津々で予想し，ボーリング試料を観察することでしょう。

教科書の中には，子どもにとって「当たり前」と思える内容も少なくありません。それをそのまま授業にするだけではおもしろ味がありません。しかし，教師が様々な視点から問い直すことで，「あれっ，そういえばどうなのかな？」といった疑問をもたせることができるのです。

4 比較させ，違いに気づかせる

　複数のことを比較させると，違いに気づかせることができます。

　そして，違いに気づかせることで，疑問を生み出したり，問題を発見させたりすることができます。

　このように，「比較」は探究の出発点となります。

　ちなみに，比較は解決方法としても有効です。何かと何かを比べることで，その共通点や違いが明らかになり，何らかの法則性がわかるのです。

　比較は，学問の世界では非常に重要な方法なのです。

　例えば，5年「植物の成長」で，植物の成長には何が必要なのかを考えさせます。

　このとき，比較させることで，問題意識をもたせるようにします。

　次ページのような写真を提示し，比べさせることで，おかしさに気づかせるのです。

　「左の植木鉢では，植物が元気に育っているけれど，右の植木鉢の植物は元気がなくなっています。これはいったいなぜでしょうか？」

　子どもたちは，いろいろと予想します。
「右側の植木鉢だけ，水をやるのを忘れていたんじゃないのかな」
「左側は日光が当たるところに置いていた植木鉢で，右側は日陰に置いていた植木鉢じゃないのかな」
　また，こんなことに気づく子もいます。
「左側の植木鉢は，少ない本数で大きく育っていて，右側の植木鉢は，何本かで細く弱々しく育っているように見えます。つまり，右側の鉢は植物を間引きしていないんだと思います。だから，肥料が足りなくなったのではないかな」
　このように，複数のことを比較させることによって，問題意識や疑問を生み出すことができるのです。

6年「生物と環境」の学習では,水の大切さを調べます。
　このときも,授業の最初に,何かと何かを比べている図や写真を見せるのが効果的です。
　例えば,アメリカの地質調査所（USGS）が作成した図があります。地球の水を全部集めると,直径約1385kmの球になります。淡水だけでなく,海や地下水,大気の水分,動物や植物の体内まで全部合わせたものです。これを,地球の大きさと比べた図です。

北米大陸上の小さな球が地球のすべての水の量を表しています

※上の図は元の図を参考に作成したイメージ図です

　地球の表面の70％は水で覆われていると言われていますが,地球のすべての水を集めたとしても,地球と比べるとその体積は非常に小さいことがわかります。
　なお,地球上のすべての水と淡水の体積を比べる図もあります。淡水のあまりの少なさに愕然とするはずです。

これも,比べることで,様々な疑問が生まれてくる例の1つです。

　他にも,3年生で,様々なチョウの幼虫の写真を示し,
「比べてみて,気づいたことはありませんか？」
と尋ねてみるのもよいでしょう。
　すると,
「幼虫の足の数は,よく似ている」
「模様や色が違うけど意味があるのかな」
「角のようなものがある幼虫がいるけど,この角は何かな」
といったように,様々な問題意識や疑問を生み出すことができるはずです。

　比較対象となる複数のものをとらえた写真を提示し,気づきを発表させるだけで,探究の出発点とすることができるのです。

5 拡散的な思考を促し，仮説をつくらせる

　発問の中には，拡散的な思考を促すものがあります。
　例えば，
　「暖かくなると生き物が増えてくるのは，どうしてだと思いますか？」
という問いには，複数の答えが予想できます。
　「暖かくなると，花がたくさん咲くので，花の蜜をえさにしている昆虫が増えてくるのではないかな」
　「暖かくなると，冬眠していた生き物が，地上に出てくるのではないかな」
といった具合です。この予想が，仮説になります。
　つまり，発問によって，思考を拡げさせ，仮説を引き出すようにするのです。そして，その仮説を調べていくように授業を展開していけばよいわけです。

　冒頭と同じような問いとして，次のように尋ねてみるのもよいでしょう。
　「冬になると，ほとんど生き物はいませんよね。特に昆虫はほとんど見られません。冬に昆虫はどうしているのでしょうか？」
　「もし，成虫が１年しか生きられないなら，春になると，

チョウやテントウムシなどの成虫が普通に見られるのはなぜなのでしょうか？」

このような発問にも，様々な答えが予想できます。

「強い昆虫だけが冬を越えて，そして春に卵を産むのではないかな」

「卵の姿で冬を越え，暖かくなると，卵からかえる仕組みがあるのではないかな」

「昆虫は１年しか生きられないけど，別の暖かい場所から昆虫がやってくるのではないかな」

「昆虫も冬眠しているのではないかな」

様々に予想ができると，その予想（仮説）を確かめてみたいと思うものです。こうして，実際に卵があるかどうか，さなぎがあるかどうか，成虫が冬でもいるかどうか，といったことを調べに運動場に飛び出していくわけです。

冬の校庭で生き物を探す

このように，「答えはわからないが，いろいろと予想や仮説は考えられる」という問いを導入で行い，追究のきっかけにしていけばよいのです。

6 「学習するのは自分だ」という意識をもたせる

　理科でよく見られる授業に，次のようなタイプのものがあります。

> 教科書通りに実験を行い，教科書通りに結果を出している。

　授業の冒頭で，教師から，
　「今日は○○を調べますよ」
と告げられます。
　そして，実験方法が指示されます。
　子どもたちは，淡々と指示通りの実験をこなします。
　ある意味，教科書通りに統制された中で学習が進むわけです。
　しかし，これでは，子どもたちは実験を「やらされ仕事」のように感じるだけでしょう。

　理科の授業の導入では，まずは「自分で何とかしてこの問題を解決したい」という思いをもたせることが非常に大切です。
　そのうえで，「学習するのは自分だ」という意識をもた

せなくてはなりません。

　1つの工夫として,**子どもの興味関心に合わせて課題を選ばせる**方法があります。
　例えば,疑問が複数出ているなら,その中から,興味のある疑問を選ばせればよいのです。

　3年「身近な自然の観察」の学習で,子どもに「疑問や調べたいこと」を尋ねてみました。
　すると,子どもたちから,次のように様々な内容があげられました。
「テントウムシの種類と住処の違い」
「モンシロチョウのさなぎの色の違い」
「カミキリムシの種類と食べ物の違い」
「アリの巣はどうやってつくられるか」
　このように疑問や調べてみたいことをできるだけたくさんあげさせ,そして,自分の興味のある疑問を選ばせるのです。
　自分の疑問を解こうと思えば,自分事の問題として,それを何とか解決したいと思えるはずです。
　ここで大切なのは,「学習するのは自分なのだ」という意識づけが図られることです。
　つまり,**主体性をもたせるように導入を工夫することで,追究を促す**のです。

また，**自分なりの方法で解決させる**ことも，「学習するのは自分だ」という意識をもたせるためには効果的な方法です。

　例えば，6年生で地層づくりの学習をします。
　教科書通りに実験をするとしても，教師が全部説明し，指示をしてしまっては，子どもの主体性を引き出すことはできません。
　そこで，教科書の地層の写真を見せたり，地層の実物を見せたりしながら，まず気がついたことをノートに書かせるようにします。
　すると，層になっているところは，粒の大きさや，一つひとつの粒の種類が違うことがわかります。
　そして尋ねます。
　「地層はどうやってできたのでしょうか？」
　こうして，粒が降り積もるときの落下の速さの違いによって，層ができていることが予想できます。

　また，教科書の方法を紹介するとしても，少しだけアクセントをつけてみます。
　「自分なりの方法で，何とかして上手に地層をつくれないかな？」
　こう言われれば，子どもたちは，自分で実験を工夫しようとします。
　「粒の大きさの違う土を集めた方がいいかな」

「水槽に沈めるときに、水の深さがあった方がいいよね」
「時間の間隔を空けて何度も繰り返しやった方がいいよね」
といった具合です。
　「自分なりの方法で」と言われれば、子どもたちは自分から進んで工夫し、試行錯誤しながら取り組もうとするものなのです。
　このような導入のちょっとした工夫が、子どもの主体的な追究を生み出すことにつながります。

7 あえて失敗させ，謎を解きたいと思わせる

「簡単にできる」

そう思わせておいてから，うまくいかない体験をさせます。すると，何とかしてこの謎を解きたいという気持ちをわき起こすことができます。

例えば，6年生の理科で，以下のように問います。
「果物缶の中で割り箸を燃やせるでしょうか？」

新聞紙を使うと簡単に燃えそうですが，空気の出入りがないので，すぐに火が消えてしまいます。できると思っていたことができないので，子どもたちは，「あれっ，どうしてできないのだろう」と問題意識をもつわけです。

他にも，3年「風の働き」で考えてみます。

最初から帆を張った車で，風の力で進ませるのもよいのですが，ここで少し工夫をします。簡単に進むものではなく，紙コップなどの進みにくいものを用意します。そして，
「風の力で，紙コップは転がるかな？」
と尋ねます。

あまり風が吹いていないと，紙コップは進みません。

風が強くなると，勢いよく転がっていきます。

つまり，風の力をうまく利用しないといけないわけです。なかなか進まないからこそ，
　「少し大きめの紙コップを使うとどうなるかな」
　「長細い紙コップだとどうなるかな」
といった問題意識が生まれるというわけです。
　このように，一見簡単そうで，難しい活動だからこそ，追究しようという気持ちを引き起こすことができます。

　4年生では，四季の生き物の観察を行います。
　ところが，冬に生き物を探しに行くと，ほとんど何も見つからずに終わってしまいます。池にいた生き物もいなくなり，草むらにいた昆虫の姿も消えています。

　しかし，**この失敗をあえて冬の観察の１時間目に経験させることで，「次こそは見つけたい」という気持ちを引き起こす**ことができます。そして，
　「秋にあれだけいた生き物はどこへいったんだろう」
　「なぜ見つからないんだろう」
　「秋と居場所が違っているのかな」
といった問題意識を引き出し，追究の出発点とするのです。

8 「他の場合はどうだろう」と問いをもたせる

　磁石を使って、砂場で砂鉄集めをすることがあります。

　子どもたちは砂鉄集めに、没頭して取り組みます。

　これは、砂鉄集め自体が楽しいからです。できるだけたくさんの砂鉄を集めようと、熱中して取り組むわけです。

　このように、実験自体がおもしろければ、それだけで導入は成功したと言えます。

　ただ、ここで、理科の授業がうまい人は、「他の場合はどうだろう」と考えさせる問いを子どもに与えようとするのです。

　例えば、次のように問います。

「砂鉄は他の場所にもあるのかな？」

　子どもたちはハッとします。

　「確かに、砂場にはたくさんあったけど、他の場所ではどうだろう」

　こうして、いろいろなところを探し始めます。運動場の土、畑の土、岩山の土…、果ては池の中、川砂利、砂浜といった具合です。これは、実験自体が楽しいから没頭したのとは、少し意味合いが違います。

「砂場で砂鉄がとれることはわかった。でも,他の場所でもとれるのかな」
「場所によって量や大きさに違いがあるのかな」
と問いをもち,その問いを検証するために没頭したのです。
　このように,「他の場合はどうだろう」と問いをもたせることで,子どもに追究を促すことができるのです。

　同じように,運動場に含まれる鉱物を観察させたのなら,砂漠,火山灰,畑の土…など,別の場合はどうなのかを追究させることもできます。

　また,植物の葉に含まれるでんぷんの観察が終わったら,今度は他の葉にもデンプンはあるのかを調べさせます。**教師がヨウ素液を用意しておき,子どもたちに自由に,学校の植物の葉をとって来させる**のです。子どもたちは,
「落ち葉にもあるかな」
「紅葉している葉はどうかな」
「大きなバナナの葉で試してみよう」
と,自分が調べたい植物の葉をとってくるわけです。

9 食い違う意見を取り上げる

　意見の食い違いが生まれると,子どもたちの追究心を引き出すことができます。
　「○○君はどうしてあのように考えたのだろう」
　「どの意見が正しいのか,きちんと調べてみたい」
　このように,不思議さや,調べてみたい気持ちがわいてくるのです。

　ただし,意見の食い違いは,授業の中でいつ生じるかわかりません。
　導入の自然体験で生じるかもしれませんし,予想の段階で生じるかもしれません。
　また,結果をまとめる段階で,結果のとらえ方が違うことによって生じるかもしれませんし,結果は同じでも,結果から導いた考察が異なることで生じるということもあるかもしれません。
　このように,いつ意見の食い違いが起きるかはわからないのです。
　ですから,子どもの考えをことあるごとに確認する時間をとらなくてはなりません。

もし導入で追究を促したいのであれば，導入の体験の中で，意見の食い違いを確認しておくことが大切になってきます。

　例えば，「てこの働き」で，自由に5kgの砂袋を，てこを使って持ち上げる体験をさせます。
　体験後に，気づきを確認します。
「てこを使って，気づいたことや思ったことをノートに書きなさい」
　そして，書けた子からノートを教師のところに持って来させます。
　すると，「一番軽かったときの重りと手の位置」や，「一番重かったときの重りと手の位置」に，意見の食い違いが見られることがあります。
　ある子は，
　「重りを支点から遠ざけた方が軽い」
と言い，ある子は，
　「重りを支点に近づけた方が軽い」
と言うのです。
　このタイミングで，
「意見が食い違いましたね。では，詳しく調べていきましょう」
と投げかければ，子どもたちは熱中して調べることでしょう。

第1章　導入発問がもっとうまくなる10の技

意見の食い違いを見つけるためには，先にも述べた通り，ノートに気づきを書かせた後，教師に持って来させることがポイントになります。
　というのも，**子どもたち同士の意見交流だけでは，なかなか意見の食い違いに気づかせられない**ことがあるからです。

　例えば4年生に，水の温まり方をサーモインクで観察させているとしましょう。
　「気づいたことを話し合ってごらんなさい」
と指示しても，子どもたちは「だいたいみんな同じ意見だった」で終わってしまうことがよくあります。
　なんとなく違いを認識していたとしても，正面切って，「これは自分の考え方と違うよ」と子どもが論争を始めることはなかなかありません。
　一方で，教師の目から見れば，意見の食い違いは比較的容易に発見できるはずです。
　ある授業では，
　「水はすぐに回転を始めて，温まる」
と主張する子もいれば，
　「上に温まった水がたまっていき，その結果，下の方に冷たい水がくるだけ」
と主張する子がいました。
　このような意見の違いがあっても，班で話し合わせると，「だいたい同じだよね」で終わってしまったのです。非常

にもったいないことです。
　両者の違いをきちんと明確にすることで，子どもたちは，「どちら（どれ）が正しいのか」を確かめたいと思えるようになります。
　しかも，「どちら（どれ）が正しいのか」を考え，それを視点として実験・観察を行うので，正確に現象を見とることができるというわけです。

10 考えもつかないような
   ことを考えさせる

　これまで考えつきもしなかったことを考えさせる問いを投げかけると，子どもの探究心に火がつきます。

　例えば，植物は葉ででんぷんをつくっていることを学んだとします。ここで，
「葉をミキサーにかけると，デンプンの白い粉はとれるだろうか？」
と尋ねます。

　ヨウ素液を使うことで葉ででんぷんがつくられることは調べましたが，葉を集めて，ミキサーにかけるようなことはしていません。

　当然，子どもたちはそんなことを考えつきもしていないでしょう。教科書に載っている通り，葉をヨウ素液につけてみたら青紫色になったので，でんぷんがあると考えて終わっているわけです。

　このように考えもしなかったような問いを投げかけられると，「調べてみたい！」という気持ちがわいてきます。

　実際，多くの葉を集めてミキサーにかけ，でんぷんが沈殿するのを待つと，白い粉がたまります。触ってみると，

もちもちとしています。つまり,「でんぷんもち」がとれるのです。

　この授業の布石として,ジャガイモをすりおろして,でんぷんをとる体験をしておくと,驚きを増やすことができます。
　ジャガイモをすりおろし器ですります。
　すりおろしたジャガイモを,ガーゼに入れます。
　ガーゼを水の中でもむと,白い粉が沈殿します。
　白い粉を集めると,「でんぷんもち」のようになっています。
　これと同じものが,葉の中にもあることがわかるのです。

　他にも,例えば,音は振動で伝わることを糸電話で教えたとしましょう。
　声のふるえが糸に伝わって,コップから声が聞こえることを理解させます。
　糸を指でつまむと,声は小さくなります。
　糸の代わりにバネを使うと,声はエコーがかかって聞こえます。
　ここで,尋ねます。

「では,声と同じふるえを糸に伝えると,紙コップは『おしゃべり』するでしょうか?」
　子どもたちは,紙コップが「おしゃべり」をするとは思っていません。

ところが，声と同じふるえを伝えると，紙コップでも，風船でも，「おしゃべり」をするのです。
　これは，トーキングバルーンやトーキングテープというおもちゃと同じ原理です。

　6年生で，空気の組成や地球の歴史を調べるときに，次のような実験をするのもおすすめです。
　フズリナなどの化石が見える石灰岩を用意し，塩酸を注ぎます。すると，二酸化炭素が発生します。
　また，二酸化炭素は水に溶けます。石灰水にも溶けて，白くなります。
　「昔の地球では，二酸化炭素はとても多く空気に含まれていました。しかし，今は空気中に0.03％しかありません。一体どこに行ったのでしょうか？」
と問います。
　二酸化炭素は水に溶けますから，海水などに溶けています。また，大昔の生物が二酸化炭素を取り込んで石灰岩をつくったことを教えます。鍾乳洞なども，石灰岩でできていることを教えます。
　子どもたちは，二酸化炭素が岩石に閉じ込められているとは思ってもみなかったので，興味津々に調べるというわけです。

第2章
授業の組み立てがもっとうまくなる8の技

11 授業の「基本型」を知り,それを応用する

理科の授業には,基本となる「型」があります。

> ❶自然にたっぷりと触れさせる
> ❷気づきを発表させ,問題を設定する
> ❸問題に対する予想や仮説を立てさせる
> ❹実験方法を考えさせる
> ❺実験・観察を行わせる
> ❻結果をまとめさせる
> ❼考察させる

ただし,これはあくまで「基本型」ですので,いくらでも応用は可能です。

子どもに合わせて応用するには,それぞれの段階の内容を十分に知っておく必要があります。

❶自然にたっぷりと触れさせる

導入では,自然にたっぷりと触れさせることが基本となります。

つまり,何らかの自然に触れたり,自然現象を体験したりといった活動を行うわけです。

❶については,以下のように学習指導要領冒頭の目標にも明記されており,理科教育の歴史から見ても,非常に重要なことであると言えます。

> <u>自然に親しみ</u>,理科の見方・考え方を働かせ,見通しをもって観察,実験を行うことなどを通して,自然の事物・現象についての問題を科学的に解決するために必要な資質・能力を…(以下略)

では,具体的にどんな活動が考えられるのでしょうか。

例えば,実験道具を渡して,自由にあれこれと試してみるように言います。

また,自然観察の単元なら,思い切って公園や林に行き,そこで自然に思い切り触れさせてもよいでしょう。

実物を用意することも大切です。化石を学習するなら,化石の入った石を持ってきて,実際に化石を発掘するなどの活動を行います。

大昔の貝を実際に掘り出してみる

もちろん，演示実験をして，何らかのおもしろい自然現象を見せてもよいでしょう。

このように，❶の活動だけで，様々なやり方が考えられます。

❷気づきを発表させ，問題を設定する

問題の設定場面では，大きく2つのやり方があります。

> A　教師の発問によって，問題意識をもたせる。
> B　子どもの問題意識を確認する。

このどちらをとるかは，子どもの状況によります。

知識や体験がある程度蓄積されていれば，子どもの問題意識を，そのまま「問題」として設定できる場合があります。

ただし，単元の導入などでは，問題意識というところまで高まっていない場合もあります。そうであるならば，教師が発問することで，問題意識をもたせなくてはなりません。

❸問題に対する予想や仮説を立てさせる

ここでも，いろいろなやり方があります。

一番簡単なのは，問題に対する「結果」を予想させることです。

例えば「空気は縮むだろうか」という問題に対して，

「縮むか,縮まないか」を予想させるわけです。

対して,「仮説」を立てさせるのは少し難しくなります。仮説まで考えられるためには,それまでに,**相応の知識や体験の蓄積がなければなりません。**

例えば,「植物が成長するためには,○○が必要なのではないか」という仮説を立てさせるには,それまでに植物を育てた経験がないと難しいわけです。

よって,仮説まで考えさせるのであれば,子どもたちに知識と体験の蓄積がどの程度あるのかを教師がつかんでおかなくてはなりません。

❹実験方法を考えさせる

実験方法を考えさせる方法は,大きく2つあります。

1つは,教師が指定してしまうという方法です。教科書通りに実験をしないと危険な場合や,正確な結果が出にくい場合は,子どもに考えさせつつも,教師がある程度指定してしまえばよいのです。

もう1つは,子どもに考えさせる方法です。様々な方法で調べることができるような場合には,**子どもが考えた方法で調べさせる方が,子ども主体の学習を展開しやすくなります。**

❺実験・観察を行わせる

同じ実験・観察でも,個人で行わせるのか,ペアやグループで行わせるのかで,授業は様変わりします。

また，時間をどの程度とるのか，何回行わせるのかでも，授業は変わってきます。
　ポイントは，**子どもが納得するまで調べる時間を確保する**ということです。
　そのため，個人でできる実験なら，個人で行わせます。相談相手がいた方がよい場合は，ペアやグループで行わせるようにします。

❻結果をまとめさせる
　基本的には，**実験や観察の結果をそのまま発表させていきます。**
　グループで実験を行ったのなら，グループ単位で発表させてもよいでしょう。
　ただし，結果がそろわないこともあります。その場合は，どうして結果がそろわなかったのか，実験を振り返らせなくてはなりません。

❼考察させる
　考察とは，「結果から考えられること」を意味します。
　そのため，**結果は同じでも，子どもによって考察は違う**ということはよく起こります。
　考察が食い違ったら，討論の時間をとります。
　そして，より客観的な結論を導くことができるようにしていくのです。

このように，基本的なやり方はあるものの，状況によっては，展開が変わることがあります。
　基本型を押さえつつ，しかし，子どもの状況によって，臨機応変に応用することが大切になります。

12 「活用場面」をどこに位置づけるかを考える

　いわゆる「活用力」を育てることが,各教科で重視されています。

　活用力とは,学んだ知識や技能を,状況に合わせて使いこなす力のことです。

　ですから,活用力を育てるには,知識や技能を活用する場面を用意することが大切になります。

　といっても,前項で示した授業の基本型は変わりません。ただ,その展開の中で,**「どこに『活用場面』を用意できるのか」**を考えておけばよいのです。

　もちろん,単元や本時の内容によって,活用場面をどこに設定するかは変わります。

　例えば,基本型の流れどおりに単元,本時の授業を行い,最後に活用場面を用意する場合があります。

　一方で,基本型のそれぞれの段階の中で,何らかの活用場面を用意する場合もあります。

　基本的には,「習得を確実にした後で,活用を促す」と考えておくとよいでしょう。

　つまり,習得の場面がまずあり,次に活用の場面へと展

開すれば，自然な形で活用を促すことができるということです。

　よくある活用場面は，単元の最後に行う「おもちゃづくり」です。
　例えば，3年生では，1年の終わりに，「ゴムの力」「磁石の力」「電気の力」「風の力」などを使って，おもちゃづくりをさせます。これは，かなり盛り上がります。これまでに習得した知識を使って，実にいろいろなおもちゃができ上がります。
　このような活用場面を用意することが，重要になるのです。

　さて，活用場面を用意するには，まずは，基礎的・基本的な知識や技能を確実に習得させなくてはなりません。「自然の性質やきまり」を理解させ，「実験器具の操作方法」などの技能を習得させていきます。
　例えば，5年生の理科「物の溶け方」で，
　「物には溶けるものと溶けないものがある」
　「ミョウバンは高い温度でよく溶ける。冷やすとミョウバンが出てくる」
　「食塩水を冷やしても食塩はほとんど出てこない」
といった知識を習得させたとします。
　また，技能として，濾過や，蒸発のさせ方などを習得させました。

次に、それらの知識や技能を活用させて取り組む、以下のような問題を提示します。

> まちがって、食塩とミョウバンと石英の粒（砂粒）の3つを混ぜてしまいました。
> どれもよく似た粒です。全部別々に取り出すにはどうすればよいでしょうか。

 これはなかなか難しい問題です。しかし、学んだ知識を使えば何とか解くことができます。
 温度を高めておいて、食塩とミョウバンを全部溶かします。この状態で濾過をすれば、石英の粒が取り出せます。
 次に、水溶液の温度を下げていけば、ミョウバンが再結晶します。これを濾過すれば、ミョウバンが取り出せます。
 最後に残るのは、多くの食塩と、ほんの少しのミョウバンが溶けた水溶液です。これを蒸発させれば、食塩（と少しミョウバンが混ざったもの）が取り出せます。
 普通はこれで十分ですが、さらにこだわるなら、少しミョウバンが混じった食塩を、少しのお湯で溶かし、ミョウバンを全部溶かしたうえで、溶け残った食塩を濾過すれば、ほぼ食塩だけを取り出せます。
 このように、既習の知識や技能を活用しなければ解決できない問題を出すようにします。

 ちなみに、活用問題で活用させる技能としては、「実験

技能」以外に、「問題解決の技能」があります。

　５年生では「条件を統一して調べる」といった問題解決の技能を学びます。

　こういった「学び方」を活用させることもできます。

　例えば、水の温度による食塩の溶け方の違いを調べる際、「条件を統一して調べる」方法を学ばせたとしましょう。だとしたら、次にミョウバンで調べるときに、条件統一の技能を活用させるようにすればよいのです。

　この場合は、単元の途中で活用場面を入れていくことになります。

　このように、単元、授業の最後や途中など、様々な場面で活用を促していくことがポイントです。

13 「問題解決型」の展開を取り入れる

　問題解決型の授業は、おおよそ次のように展開します。

> ❶自然現象から、問題を発見させる。
> ❷問題に対して、解決方法を子どもに考えさせる。
> ❸それぞれの解決方法を試させ、結果から考察させる。

　この展開は、先に示した「基本型」の流れに沿うものですが、問題の解決方法をより主体的に子どもに考えさせていきます。**子どもたちに問題解決を任せていく**と言ってもよいでしょう。

　例えば、4年「空気や水は縮むか」の授業は、まず体験から入るはずです。ビニール袋に空気を入れて、相撲をして遊ばせたり、空気鉄砲や水と空気が混ざったおもちゃなどで遊ばせたりします。

　そして、子どもから気づきを発表させます。

　このとき、子どもから何らかの問題が出ればよいのですが、出なければ、教師が発問していきます。

　「空気は縮みますか？」

　「縮むとしたら、どのぐらい縮みますか？」

「水は縮みますか？」
といった具合です。

これらの発問に対して，子どもに検証方法を考えさせ，自分の考えた方法で問題を解決させていきます。

これが，問題解決型の授業です。

問題解決型の授業には，様々な効果があります。

特に，**「実験や観察は，何らかの問題を検証するために行うものだ」**という意識が子どもに生まれることは大きな効果です。

これまでの実験は「教科書の手順に従っていただけ」だったのに対して，**「自分なりの方法で確かめてよいのだ」という考えに，パラダイムシフトする**わけです。

ただ，いわゆる「問題解決学習」には，批判も多くあります。

「問題設定を子どもが行うので，必ずしも価値のある問題を学ぶことができない」

「時間だけかかって解決できないで終わる」

といったものです。

そこで本書では，「問題解決学習」ではなく，「問題解決型の授業」として，その展開を紹介しています。

いずれにせよ，大切なのは，問題の解決方法を主体的に子どもに考えさせることです。そうして，問題解決の能力を育てようとすることにこの方法の価値があるのです。

14 「発見学習」と「先に教える」を使い分ける

　発見学習とは，体験の中から，何らかの一般性や法則に気づかせる学習方法を意味します。この学習方法は，ブルーナーが提唱した考え方に基づくものです。

　ブルーナーは，著書『教育の過程』（1960年）において，何らかの概念を理解するには，教師の提示を待つだけの受け身の学習ではなく，子ども自らが仮説を立てて概念を発見していくことが必要だと述べています。特に，「直感」を重視し，「構造」と呼ばれる，教科の最も大切な概念を発見させるように導くことが大切だとしています（構成主義，学習の構造化などと呼ばれます）。

　現在でも，この「発見学習」的手法を取り入れている理科授業は，多く見られます。

　まずは，自然体験を蓄積させます。

　そして，気がついたことをノートに書かせ，その気づきを発表させて，疑問や仮説をはっきりさせます。

　続いて，価値ある疑問や仮説を子どもたちに検証させ，自然現象のきまりを発見させていきます。

　発見学習を取り入れた例として，5年生の「流れる水の働き」で考えてみます。

まずは，川を実際に見学に行ったり，運動場の盛り土を使って川をつくったりと，体験を蓄積させていきます。大雨の日には，運動場に川ができます。このとき，運動場にできた川を観察させてもよいでしょう。

　こうして体験を蓄積させたうえで，川の働きで気づいたことを尋ねます。すると，教科書に載っている内容の多くに子どもが自然と気づくことができています。そして，
「この場合は，○○になるのではないだろうか」
「○○はどうなのだろう」
といった疑問が生まれてくるはずです。

その仮説や疑問の中で，教える価値のある内容を取り上げ，子どもたちに検証させていくようにすればよいのです。

　一方，「先に教えてから，次に，その一般性や法則を確かめていく」という展開方法もあります。

　この場合，最初に学習内容を教えてしまいます。そして，
「本当にこのことが正しいのか，確かめてみよう」
と指示し，調べさせるわけです。

　発見学習とは反対の意味で，「受容学習」（オーズベルが提唱）と呼ばれることもあります。

　例えば，「いろいろな昆虫を観察しよう」と，最初に体験をたっぷりとさせ，その後で足の本数について気づいたことをまとめていくと，これは発見学習になります。

　反対に，「昆虫の足は6本です。すべての昆虫がそうか

どうか確かめてみよう」と指示すると，「先に教える」展開になります。

　では，発見学習と「先に教える」展開を，どう使い分けたらよいのでしょうか。
　これは，学習内容の難易度によります。
　つまり，子どもの力で発見するのが難しい内容であれば，「先に教える」展開をとればよいのです。
　難しい内容を，子どもに何とかして発見させようとしても，うまくいかないことがほとんどです。
　これは当たり前のことで，科学者が長い時間をかけてようやく発見するような内容を，限られた授業時間で気づかせるのは無理な場合も多々あるのです。
　意図的な指導で気づかせることができる場合もありますが，それでも難しいことはあります。
　そのため，小学校，中学，高校…と段階が上がり，学習内容が難しくなるほど，「先に教える」展開になっていきがちです。
　ただし，「先に教える」とはいえ，機械的に教え込むと学習者が受け身になってしまいます。**いったんは考えさせ，そして追究できるところは追究させる**ことが大切になります。

　例えば，慣性の法則を考えてみます。
　いろいろな体験を蓄積しても，慣性の法則に気づくのは

なかなか難しいものがあります。

そこで、生活の中で慣性の法則がないかどうか考えさせつつ、意味を教えていきます。

その後で、「動いている物体に力を加えると、次の動きはどうなるか」といった問題を出し、本当に慣性の法則が成り立つのか、追究させていけばよいというわけです。

このとき、摩擦がほとんどない風船のおもちゃで、あれこれと体験をさせます。何となく、生活体験上、動いているものを下に押すと、下に行きそうですが、違った結果となります（斜めに行きます）。

ちなみに、クレメント（1982）は、慣性の問題を出すと、力学を学んだ大学生であっても、不正解者が多いことを明らかにしました。それは、強固な素朴概念に、しばらくすると、学んだ知識が影響されるからです。

学んだ知識を忘れないようにするためにも、先に教えるとはいえ、いったんは考えさせ、そして追究させることが大切になるのです。

15 「探究型」の授業展開を使いこなす

　「探究型」の授業展開，といっても，「基本型」と比べて授業展開そのものに大きな特徴があるわけではなく，**すべての学習過程をできるだけ子ども主体にするということがポイント**になります。

　まずは，自然現象に触れる中で，子どもたちが問い（疑問）をもちます。
　次に，様々な実験方法を子どもたちが考えます。
　考えた実験を，それぞれの子どもが行います。
　結果の整理や，考察も子どもが行います。
　このように，各学習過程をできるだけ子ども主体にしていくことが，探究型の授業の特徴なのです。

　さらに，考察した後に，新たな問いが生まれるかもしれません。
　新たな問いが生まれたら，その問いをまた子ども主体で考えさせていきます。
　つまり，**問いが連鎖的に続いていく学習展開になる**わけです。

なお,「探究学習」といえば,シュワブの考え方が基になった学習方法です。探究を子どもが進めることで,「科学の方法(プロセス・スキル)」の力をつけることが目的の1つとされました。

　他にも,プロセス・スキルを探究によって身につけることの重要性を提唱した人物に,ガニエがいます。

　日本においては,昭和44年(1969年)度の中学校学習指導要領から,探究の過程が重視されるようになりました。

　ところで,探究型の授業展開というと,難しそうなイメージをもつかもしれません。しかし,難しく考える必要はありません。

　理科の学習を進める過程で,子どもたちは様々なことに問いをもちます。この問いを,追究させるよううまく導けばよいのです。

　例えば,3年生で電気や磁石の性質を学習したときには,次のような問いをもつ子どもがいます。

「どんなときにショート回路になるのかな」

「磁石を粉々にするとどうなるのかな」

　こうした問いが生じたら,それをそれぞれの子どもの課題として,追究する時間をとればよいのです。

　ただし,探究型の授業を展開するうえで,気をつけるべきことが大きく2つあります。

1つ目は、**「子ども主体」とはいっても、それぞれの学習過程をいきなりすべて子どもに任せるのは難しい**ということです。

探究を丸投げするのではなく、探究の仕方、つまり「学び方」という方法知をある程度教師が教えていく必要があります。

そのため、初期には、それぞれの学習過程を部分的に子どもに任せていき、教えるところは教師が教えて進めていけばよいのです。

2つ目は、**問いが難し過ぎると、探究をさせても、あまりうまくいかない**ということです。

例えば、

「塩がこれ以上ないほど溶けた水溶液に、砂糖が溶けるのはなぜか」

という問いを子ども主体で探究させていく授業を見たことがあります。

実験としてはおもしろいもので、やる価値はありますが、子ども主体で学習を展開するとなれば話は別です。というのも、実験で原理を発見させるのが非常に難しいからです。

「たぶん、塩と砂糖の溶け方は違うのだろう」

「塩と砂糖の溶ける位置が違うのだろう」

「溶けた塩のまわりに、溶けた砂糖がくっついているのだろう」

など、いくらでもモデルが考えられるうえ、目に見えない

ので,実験で確かめることも困難です。
　このように考えると,ある程度は教師のほうで子どもが追究できそうな問いを選ぶ必要があります。

16 「自由試行」を取り入れる

　「自由試行」とは，自由に実験や観察をさせる中で，自然現象への気づきを促していく学習方法のことです。

　自由試行は，ミッシング・アバウトとも呼ばれ，その起源は，アメリカのホーキンスが1960～70年代に開発した理科カリキュラムにあります。

　自由試行は，多くの場合単元の導入で取り入れられます。
　例えば，5年生の「物の溶け方」の単元なら，単元の最初に，食塩や砂糖，片栗粉など，様々なものを用意しておきます。子どもが家から自由に持って来てもよいことにしておきます。

そして，ものが水にどのように溶けるか，自由に調べさせるわけです。

　自由に実験してよいわけですから，子どもたちは実に様々なものを持って来て，試そうとします。

　このように，自由に実験をさせることで，溶け方に関する体験の蓄積を図るわけです。

　ただし，混ぜると実験結果がよくわからなくなってしまうので，「混ぜてはいけません」と，**実験方法は限定しておきます。**

　そして，様々な気づきや疑問を発表させていきます。

　もう1つ例をあげます。

　3年生の「光を当てて調べよう」では，鏡で光を跳ね返したり，光を集めたりする活動を行います。

　このときも，自由試行が使えます。

　「鏡を使って光を跳ね返す遊びをしましょう」

　このように言い，運動場で，自由に試行させるわけです。

　子どもたちは，最初は自分の鏡で光を跳ね返して遊んでいます。

　そのうち，鏡で跳ね返した光を，友だちの鏡で跳ね返せることに気がつきます。そうすると，今度は数人で協力して光を跳ね返す遊びを始めます。

　さらに，時間が経つと，光を集めることができることにも気がつきます。明るさが変わったり，温かさが変わったりします。すると，「光をたくさん集めてみよう」といっ

た遊びを始めます。

　授業の最後に，気づきや疑問を集めて，単元の問題をつくっていけばよいのです。

　さて，ここまで２つの例で自由試行を見てきましたが，自由試行は，次の２つのやり方のどちらかをとることが多いのです。

> ❶実験方法は限定されているが，ものは多くある。
> ❷ものは限定されているが，実験方法が多くある。

　ものの溶け方の例では，溶かすのは１種類だけ（混ぜない）と「実験方法」は限定されていますが，食塩や砂糖，片栗粉など「もの」はたくさんあって，いろいろと試行できるわけです（❶）。

　反対に，「光を当てて調べよう」では，鏡という「もの」は限定されていますが，「実験方法」は様々に試すことができます（❷）。

　これが，「もの」も「実験方法」もどちらも限定しないとなると，難易度が大きく上がってしまいます。

　例えば，ものの溶け方の例で，ものを混ぜることも認めたとしましょう。

　ものがたくさんあるうえ，複数の方法も認めていることになり，これだと，**子どもが気づく内容や，疑問をもつ内**

容が拡散し，教師が教えたい内容から離れてしまうこともあるので，**注意が必要**というわけです。

　ともあれ，自由試行は，自由に体験させる中で，様々な気づきや疑問を引き出すことができ，その中で知識や経験を蓄積させていくことができます。

17 「発展課題」を効果的に用いる

　子どもに探究をさせようとしても、単元によっては、ほとんど教師が教えないといけない場合もあります。

　教科書に忠実に実験をしないと結果がうまく出ない場合や、自然には気づきにくい難しい内容を扱う場合には、教師が先に教えなくてはなりません。

　そういった場合、単元全体を貫く探究型の展開は難しくなります。

　そこで、**単元の最後に発展課題を提示し、探究させる**方法があります。

　例えば、4年生で、動物や植物を含めた「生き物の1年のくらし」を学習したとします。

　単元の最後に、次のような発展課題を提示します。

> 春にあれだけいた昆虫は、冬にはいなくなりました。冬をどうやって越しているのでしょうか。

　こうして、「越冬の方法」を調べさせていきます。

　実際に観察したり、図鑑などで調べたりすると、実に様々な越冬の仕方があることがわかります。

成虫の姿で越冬するものは，石の下や木のくぼみなどに集団で固まって過ごします。

　卵の姿で過ごす昆虫もあります。カマキリの卵はすぐに見つかりますが，ガの卵は，毛布のようにふわっとした卵塊なので，なかなか気づきにくいのです。

　アゲハのように，さなぎで越冬するものもあれば，ゴマダラチョウのように，幼虫のまま越冬するものもあります。幼虫は，冬になると落ち葉と一緒に木の下で過ごします。

　子どもたちは，様々な越冬方法があることに驚きます。そして，実際に観察で見つけた幼虫やさなぎ，成虫を飼育するのです。

　4月に近づき，暖かくなると，さなぎから成虫が出てきます。

「さなぎの姿で何か月も生きていられるはずがない」

「さなぎの色は茶色だし，ひょっとしてもう成虫になれないのではないか」

と思っていた子どもたちは，成虫を見て大変感動します。

他にも6年生で,身近にある田の生物多様性を学んだとします。田の中には実に多くの生物がいて,豊かな自然があることがわかりました。
　ここで,さらに次のような発展課題を提示してみます。

> 　冬の田にはそもそも水がなくなります。生き物はいませんよね？　でも,春になって水を入れると,多くの生き物が田で暮らすようになります。あんなにたくさんの生き物はどこから来るのでしょうか。

　こうして,ザリガニやドジョウなどがどこから来たのかを調べさせるわけです。田には実に様々な生き物がいますから,調べるのは難しく,発展的な内容になります。
　ドジョウは田の水がなくなると,土に潜ります。そして土の中で何も食べず,皮膚呼吸をして,約半年もの間過ごします。春に田に水が入ると,土の中から出てきます。こんな驚きの事実も,発展課題を調べるとわかるのです。

　5年生の発芽の条件を調べる単元では,最後に次のような発展課題を与えることができます。

> 　発芽には,水と空気と適度な温度が必要でした。では,水の中でも,空気と適度な温度があれば,インゲン豆の芽は出てくるのでしょうか。

子どもたちは水の中では，発芽はしないと考えています。というより，そんなことを考えてみたことがなかったという子どもがほとんどでしょう。
　しかし，考えているうちに，
「水草は水の中にあるからなぁ…」
といったことに考えが及ぶようになります。
　こうして，発展課題を「水中で種を発芽させよう」といったものにして，追究させていくのです。
　ポンプで空気を送り込み，発芽の条件がそろえば，水中でも発芽します。発展課題を探究させることで，より発芽への理解が深まるというわけです。

18 教えてから考えさせる

　「先に教える」展開方法については先にも触れましたが，理科に限らず，どの教科でも使える授業展開が，「教えてから考えさせる」方法です。

　これは，教育のすべての基本とも言える方法です。基礎・基本を先に教え，後から難しい内容を考えさせたいときに，この展開方法が使えます。

　例えば，5年生の「振り子」で考えてみます。

　振り子の周期は，振れ幅では変わりません。

　実験によって，周期が振れ幅で変わらないことに気づいたとしても，なかなか納得できない子もいます。日常的な体験との間にギャップが生じ，おかしいと思うからです。

　「本当に振れ幅で変わらないのかな」

と，何度も確かめようとする子どももいます。

　そこで，まずは「振り子の周期は変わらない」ということを教えていきます。

　何度も実験で確かめ，確かに周期が変わらないことを確認します。

　こうして，教科書レベルの知識を習得させたうえで，次のように尋ねるのです。

「では，10往復の時間が変わりそうなのは，どんなことをしたときですか？」

こうして，変わるときと変わらないときとを調べさせていきます。

「おもりの重さでは，周期は変わりませんでした」

「振れ幅を大きくし過ぎると，周期が変わります」

「おもりを連結すると周期が変わります（重心までの距離が変わるため）」

子どもたちは，他にも以下のような疑問をもち，調べていきます。

「振れ幅を限界まで小さくしても変わらないのかな」

「勢いをつけても変わらないのかな」

「揺らし方を変化させても変わらないのかな」

こうして，振り子の性質を深く理解するとともに，仮説や方法を考える力も身につくというわけです。

このように，まず教え，次に考えさせる方法だと，無理なく理解でき，追究も行うことができます。

他にも，中学校の化学変化の授業で考えてみましょう。

まず，スチールウールを酸素の中で燃やすと，酸化鉄ができることを教えます。そして，マグネシウムも加熱すると，酸化マグネシウムになることを教えます。この場合，2回目の酸化マグネシウムの実験では，

「どういう反応になるか予想してみましょう」

と考えさせることができます。こうして，熱や光を出して

酸化する変化を「燃焼」と呼ぶことを教えます。

次に、酸化銀を加熱すると、酸素と銀に分かれることを教えます。また、活性炭を用いると、酸化銅が、銅と二酸化炭素に分かれることを教えます。これも、2回目の酸化銅の実験では、

「どういう反応になるか予想してみましょう」

と考えさせます。

つまり、**最初に教えてから、次に考えさせるので、教えられたことを手がかりにして、予想しながら調べられる**というわけです。

こうして酸化と還元を教えてから尋ねます。

「砂鉄（酸化鉄）に炭を混ぜて熱します。すると、鉄が取り出されます。鉄になる理由は何でしょうか？」

十分に教えてから考えさせているので、これなら化学反応が起きる理由を予想できるはずです。「たたら製鉄」の仕組みを説明させてもよいでしょう。

理科では、科学的な知識を発見させるのが難しい概念もあります。

また、追究をさせようにも、体験や知識が不足している状態では、問題を発見したり、仮説を立てたりといったことができにくいこともあります。

そういった場合は、「教えてから考えさせる」展開の方が、子どもにとって無理がないのです。

第3章
教材づくり，
教材提示が
もっとうまくなる
7の技

19 大きなものを用意する

　理科で大切にされていることとして、「実感を伴った理解」があります。

　実感を伴った理解を促すには、教材の工夫は欠かすことができません。

　その教材ですが、できるだけ大きなものの方が、子どもの理解を助けます。

　例えば、5年「川の働き」で、川をつくらせる活動をするなら、小さな川ではなく、できるだけ大きな川をつくらせます。

　運動場にある盛土などを使って、大きな川をつくってみると、小さな川ではわからない、様々なことが見えてきます。

　柔らかいところに滝ができること、S字カーブの川をつくるとすぐに決壊してしまうこと、水が土砂を運搬すること、川下は上流部と比べ様子が変わること…、と実に様々な気づきが得られます。

　5年「振り子の運動」の学習でも、できるだけ大きなものという意識があれば、用意する教材も変わります。

例えば，子どもが以下のような疑問をもったとしましょう。

「振れ幅を変えても，10往復の時間が変わらないのは本当だろうか」

　そこで，大きな教材の出番です。

　小さな実験器具では，振れ幅を変えるといっても，そこまで大きくは変えることができません。無理に大きく変えようとすると，振り子の等時性は崩れてしまいます。

　そこで，**天井から振り子をつり下げ，振れ幅を自由に大きく変えられるようにする**わけです。

　大きなものにするほど，振り子の動きが大きく，ダイナミックになるため，子どもたちに実感を伴った理解を促すことができます。

　5年「てこの働き」も同じで，大きなものを用意することが効果を発揮します。

　例えば，最初の実験で，3kg程度の砂袋を用意しておきます。

　そして，持ち上げる体験をさせてみて，次に，てこを使わせます。

　軽く持ち上がる場合には，先ほどの手応えと全然違うことがわかります。

　反対に，重く感じる場合も，ものすごく重いことを感じるはずです。

　最後に，**10kgの砂袋を出します。**そして，

「できるだけ軽く持ち上げる方法はないかな？」
と尋ね，確かめさせます。

先ほどの3kgの砂袋よりはるかに重い，10kgの砂袋です。それでも，てこを使えば軽く持ち上がることがわかり，子どもたちはてこの働きを実感として理解できるというわけです。

ここまでで示した例でおわかりの方もいると思いますが，ただ大きなものというよりも，**「相対的に」大きなものであることがポイント**になります。

振り子の実験についていうと，最初は教科書通りの普通の大きさの振り子を扱っておいて，次に，天井からつり下げた振り子を見せれば，振り子の動きの大きさ，ダイナミックさが強い印象を与え，子どもたちに実感を伴った理解を促すことができます。

てこの実験でも，最初から10kgの砂袋を見せるのではなく，最初はあえて3kgぐらいでやっておいて，最後に10kgの砂袋を提示するからこそ，盛り上がるし，実感も深まるというわけです。

4年生での「空気と水が縮むかどうか」を調べる実験でも，まずは普通の空気鉄砲を扱い，その後で筒を長くしたものを提示します。

当然，筒が長いほど押し縮められる空気の量が多くなるので，戻ろうとする力は大きくなり，遠くまで玉が飛びま

す。
　最初に普通の空気鉄砲で遊ばせておいて，次に長いものを登場させることで，その違いに気づかせながら，理解を深めていくことができるというわけです。
　最初に使ったものより大きなものを登場させるのが１つのコツなのです。

20 多様なものを用意する

　実験・観察に必要なものを用意する際,できるだけ多様なものを用意する,というのも大きなポイントです。

　例えば,5年「物の溶け方」では,「ものは水に溶けても重さは変わらない」という重さの保存を学習します。

　このとき,普通は食塩だけで確かめます。

　多くの子は,食塩の実験だけで納得しているように見えます。ですが,中には**「他のものではどうなのかな」と考えている子が必ずいるもの**です。

　そこで,ミョウバンや砂糖でもやってみます。水に溶けない石英の粒(砂)やでんぷんなどでやってみてもよいでしょう。

　予想の段階で,次のような意見が出るはずです。

　「溶けないものの重さは,水に混ぜる前後で同じ。でも,溶けたものは,少し軽くなるのではないかな」

　そして結果を確認します。

　溶けないものの重さは,もちろん変わりません。

　しかし,溶けたものも重さは変わりません。

　つまり,**いろいろなものを用意することで,子どもの予想との食い違いが起きやすくなる**のです。

予想と食い違ったからこそ，「溶けたものも，実は水の中に小さくなっているだけで，重さはなくなっていない」ということが，実感として理解できるわけです。
　しかも，いろいろなもので確かめているので，それぞれを「比べる」ことで，理解も深まるのです。

　３年「電気の通り道」でも，多様なものを用意する方が，実感を伴った理解を促すことができます。
　例えば，「金属は電気を通す」ことを，子どもたちはなかなか理解できません。ひと口に「金属」といっても多種多様なものがあるので，金属の具体的な例をたくさん知らないとわからないからです。
　そこで，鉄，銅，鉛，アルミ等様々な金属を用意します。
　銀や金，プラチナだって用意することができます。金平糖の表面に純金を薄膜コーティングした「キンキレイ」というお菓子があります。また，アザランを買えば，銀を用意することができます。アクセサリーでプラチナを用意したこともあります。
　他に，**金属ではないものも用意します。**
　磁石，ガラス，プラスチック，木材をはじめとして，金属のような塗装がしてあるプラスチックを用意してもよいでしょう。
　このような様々な具体例を比べてみて，はじめて，「金属とは何か」ということ，そして「金属は電気を通す」ということが理解できるのです。

21 体験を通して気づかせる

　理科では，ものを用意することも大切ですが，実際に体験させることも大切になります。
　体験してみないとわからないことが，たくさんあるからです。

　例えば，5年「植物の成長」で，植物を育てる際に，バケツで稲を育ててみたことがあります。
　上手に育てないと，なかなかうまく成長しません。
　あれこれと試行錯誤して，秋に米が実ったとき，子どもたちは，「これがお米か！」と，びっくりしていました。
　実際に体験することで，様々なことに気づくのです。
「やっぱり花が咲くんだね」
「少しのお米から，たくさんのお米がとれるんだな」
「種（米）がたくさんできるから，これで来年はもっと植えられるね」
といった具合です。

　3年生で昆虫の育ち方を教えるなら，例えば，子どもに人気のカブトムシの幼虫を育てる体験をさせます。
　育てる体験をする中で，トラブルも起こります。

例えば，大きくなった幼虫とそうでない幼虫がいる，せっかくさなぎになったのに，さなぎが地面に飛び出してきてしまった，といったことです。

　さなぎが地面に飛び出したので，急遽，さなぎを入れるベッドをつくったこともあります。自分がつくったさなぎのベッドで，無事に成虫になったときの喜びはひとしおでした。

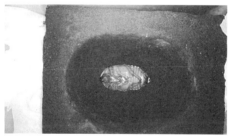

　わからないことが出てきたら，その都度調べなくてはなりません。トラブルを乗り越えるので，多くの気づきを得られますし，実際の体験ならではの感動があるのです。

　ある単元における教材を考えるとき，「どんな体験ができるだろうか」と，考えを巡らすとよいでしょう。

例えば、6年生で紫キャベツを利用して、水溶液の性質を調べる液をつくる際にも、**紫キャベツの汁をつくるところから子どもにさせるべき**なのです。

　自分でキャベツの煮汁をつくるから、
「身近なものの中に、水溶液の酸性やアルカリ性を調べられるものがあるのだな」
と、実感として理解できるのです。

　これを教師が事前につくっておくと、その実感的な理解の機会を台無しにしてしまうというわけです。

　5年生で水中の微生物を観察させるなら、実際に、ミジンコの採取を子どもにさせてみます。

　校庭の池に、ミジンコがいそうな水を取りに行かせるのです。

「できるだけ、ドロドロとした藻が浮いている水がいいよ」
と助言をしておきます。

　助言をしていても、ミジンコが見つかることもあれば、見つからないこともあります。

　しかし、**失敗しても何度も水を採取させればよい**のです。

　子どもたちは、魚が食べている水草を取る、底の方の泥を取る、小さな生き物が浮いている水面の水を取るなど、様々な工夫をします。

　また、そうしているうちに、ミジンコ以外にもいろいろ

な微生物が見つかります。「微生物を探す」という体験の中で，実に様々な気づきが得られるのです。
　こうして，実際に自分で水を取りに行ったことで，「どういうところに微生物が多い，または少ないのか」「どうすればミジンコなどの微生物が採取できるのか」といったことを体験的に理解できるのです。

22 子どもにものを用意させる

　教材を用意するのは，基本的には教師です。しかし，ときには，子どもに用意させてみてもよいでしょう。

　すると，その子の興味関心に合わせて，様々なものを用意してくれます。その結果，子どもの興味関心に沿った学習にすることができます。

　また，自分でものを用意して納得するまで調べるので，実感を伴った理解が得られるというわけです。

　例えば，3年生で昆虫を飼うとして，教師も昆虫の用意はしますが，子どもにも用意させます。**子どもが飼いたい昆虫を，自分で探して飼育する**わけです。

　子どもによって様々な昆虫を用意してきます。小川にヤゴやカゲロウの幼虫を捕りに行ったり，ナナフシやタマムシなどの珍しい昆虫を見つけてきたりします。中には，蛾の幼虫を大切に育てている子もいます。

　その結果，教室は様々な昆虫であふれます。そして，いろいろな昆虫の成長の様子がわかるというわけです。

他にも，4年生で空気は縮むかどうか調べるのに，自分で考えたもので試させてみるのもよいでしょう。ビニール袋で確かめる子もいれば，マヨネーズの容器で確かめる子もいます。自分なりの方法でいろいろ試してみるわけです。
　そのうえで，注射器や空気鉄砲の筒など，確実に確かめられるものを教師が渡します。自分であれこれ調べた後なので，「あぁ，本当に空気は縮むのだな」と納得できます。

　5年生で，でんぷんについて教えるなら，例えば，いろいろなものにヨウ素液をつけてみる活動をします。
　最初に，ヨウ素液はもともとビールのような茶色であることを教えておきます。
　さらに，もともとの色と青紫になったヨウ素液を，2つ並べて見比べさせます。そして「でんぷんがあると青紫色に変化する」「青紫に変化するまでに時間がかかることもある」ことを教えておきます。そして，
　「どんなものにでんぷんが入っていそうですか？」
と尋ねると子どもたちは，米，なす，すいか，みかん，にんじん，牛乳，牛肉…と，様々なものを予想します。
　さらに，次のように指示します。
　「明日，ヨウ素液で確かめますから，自分の家にあるものを用意してきてもかまいませんよ」
　すると，子どもが思わぬものを持って来て盛り上がることがあります。**子どもなりに「これはどうなのだろう」と予想し，確かめたいものを持ってきている**からです。

23 まったく別の教材を考えてみる

　これまでとは違ったものを用意できないか。

　ものを用意して教材として活用する際，このように考えてみるのは，よい教材を生む秘訣です。

　例えば，6年生で運動場の鉱物を観察させたとします。

　運動場の土を調べてみた子どもたちから，次の疑問が生まれました。

　「他の場所には，どんな粒があるのだろう？」

　そこでさらに，火山灰や砂漠の砂，海砂，川砂なども観察させてみることにしました。

　ここまで授業をしてみて，教師は気づきました。

　「観察した小さな粒（鉱物）をある程度判別できるようにするには，鉱物セットも必要かな」

　そこで，石英や長石だけでなく，角閃石や輝石，カンラン石などを集めて観察させてみることにしました。また，ザクロ石や，磁鉄鉱，コランダムなど，他にも集めてみようかなと思いました。

　コランダムは，硬度9で，ダイヤモンドの次に固いことを教えられますし，溶ける温度は2000℃を超えるので，非常に高い温度で液体になることも教えられます。子どもた

ちは,
「粒によって性質が違うのだな」
と,驚きとともに理解できます。

　このように,毎年運動場の土の観察だったところを,**他にも観察させてみるとおもしろいかもと,あれこれと考えてみると,次々とまったく違った教材を用意することにつながっていく**のです。

　他にも,３年生の磁石の学習で,
「これまでとは違ったものを用意できないか」
と考えてみます。
　例えば,反磁性のものを使って,磁石の力でものが浮く現象を見せてもおもしろいでしょう。ネオジム磁石を使って,反磁性体のグラファイトが浮上するのを見せるわけです。
　おもちゃづくりで,リニアモーターカーをつくりたいという子がいたら,反磁性体を用意することで,生かすことができます。

　３年「電気の通り道」では,必ず導線を使います。ソケットや豆電球も使います。
　電気を通すものを調べる前に,「導線は電気を伝えてくれるもの」という前提で,実験は進んでいきます。
　ここをあえて,
「普通の導線ではなく,何か別のものに置き換えられな

いか」
と考えてみます。
　「細い導線ではなくて，太い何か別のものにするとわかりやすいのではないか」
　「アルミホイルを導線のかわりに使ってみたらどうだろうか」
　「木や筒にアルミホイルを巻いて，それを導線としたら，子どもたちはどんな理解をするだろうか」
　このように，あれこれと考えてみるのです。
　また，次のように考えることもできます。
「そもそもソケットはなくてもいいのではないか」
「豆電球ではなく，LEDを使ったらどうだろうか」
　使うことが前提になっている実験器具を，もう一度見直してみるわけです。

　環境学習をするなら，地球上の様々な生き物を学習するはずです。
　このとき，普通は陸上の動物を扱うことが多いはずです。ここで，視点を変えて，海の生き物の学習をさせてみるのもよいでしょう。
　「ちりめんモンスター」を使えば，海の中にたくさんの生き物がいることがつかめるはずです。
　ちりめんモンスターとは，ちりめんじゃこの中に入っている小さな生き物のことです。小さなタコやイカ，エビやカニなど，様々な生き物の赤ちゃんが観察できます。

そして，これらの小さな生き物が大きな生き物のえさになっていることや，海には数多くの生き物が暮らしていることなどを教えることができます。

24 様々な情報を集めて教材を探す

　新しい教材をつくるには，相応の情報が必要になります。科学に関する情報を集め，それを基に教材を考えるわけです。その際，**博物館に助けを借りる**のも1つの方法です。

　以前，博物館の助けを借りて，3年生に「ライトトラップ」を行ったことがあります。

　夕方，自然の多い場所を選んで白い布を設置し，ライトで照らしておきます。すると暗くなるにつれ，多くの昆虫が白い布に集まってきます。

　薄暗くなったころ，保護者と一緒に3年生が集合しました。このとき，様々なアドバイスを学芸員の方からもらいました。例えば，雨上がりのじめじめした暖かい季節にするとよいこと，夕方からライトを当てておき，集まったあたりで子どもに来てもらうことなどです。

　このように，博物館の学芸員さんの手を借りるのも，新しい教材開発の有効な方法です。

　また，**地域の方から情報や教材を提供していただくこと**もおすすめです。

　例えば，蜂の巣を地域から提供してもらっていたことが

あります。除去した巣を学校に持って来てもらうのです。

　海の近くの学校にいたときには，珍しい海の生き物が捕まると学校に連絡を入れてもらって，子どもと見にいくこともありました。

　鳥の巣1つとっても，おもしろい教材になります。

　子どもたちは，鳥の巣を見ると，自分でもつくれそうだと思います。ところが，実際に木の枝でつくってみると，大変難しいことに気がつきます。

　しかも，鳥の巣には様々な種類があります。ヒヨドリとツバメの巣では，つくり方や形が違います。

　鳥の巣の観察をした後，子どもたちは，学校外でも鳥の巣見つけをするようになります。普段は鳥の巣など意識はしていませんが，意識して探すと，子どもでも届くような低い木に，巣が見つかることもあります。また，木でつくった巣箱に鳥が来ないか試してみようと考えて，実際に巣箱を設置する子も現れます。

　教材がよければ，授業後に子どもは自然と探究を始めるのです。

　科学雑誌や科学番組を見るのも，教材研究の情報集めにはもってこいです。私の場合，とりあえず，**科学番組を録画しておいて，あるテーマで教材開発を行うことになったら，使えそうなものを確認する**ようにしています。

25 子どもに合う教材を探す

　教材に関する情報を集め，新しい教材を開発し，授業を行ったとします。

　ここで考えなければならない重要なことがあります。

　「この教材を使うことによって，子どもたちにどういった効果があったのか」

　新しい教材が，本当に目の前の子どもたちに合ったものだったかどうか検証しなければならないということです。

　とはいえ，子どもに直接，

　「この授業はおもしろかったですか？」

　「この教材（教具）は役に立ちましたか？」

などと聞くのは，あまり効果的とは言えません。

　そうではなく，その教材を通して子どもはどんな状態になったのか，**子どもの「変容」を子どもの「事実」から確かめる**ようにします。

　例えば，次のような変容が見られたら，それはよい教材ということができるでしょう。

❶知識・技能が向上した
❷活用力が向上した

❸長く知識が保持できた
❹目に見える学力以外の能力や態度が向上した

　このうち，❹の「目に見える学力以外の能力や態度」とは，非認知的能力とも呼ばれます。学習意欲や協働の姿勢，自己肯定感や，進んで問題を追究する態度などです。

　例えば，4年生では空気の性質を学びます。
　空気の性質を学ぶ前に，空気の存在を教えるはずです。
　目に見えない空気の存在をどう教えるかは，難しいところです。空気には手応えがあること，つまり，何も見えないけれど，そこに何かが存在していて，抵抗を感じることを教えないといけないのです。
　このとき，例えば，空気の存在や空気抵抗を教えるために，次のような教材を用意したとしましょう。
「水の中に空気を閉じ込めて，空気を観察させる」
「パラシュートをつくって遊ばせる」
「噴水装置で遊ばせる」
「風船ロケットで遊ばせる」
　このように，教材をいろいろと用意して授業をしてみたら，その効果を測らなければいけません。ここでは，空気の存在をどうとらえたかを，ノート記述などによって確かめます。
「ノートに今日の学習でわかったことや疑問を書きましょう」

と指示します。そのノートに，空気の存在や性質のことが書かれていればよいわけです。

教材の効果を測る方法で一番よいのは，比較することです。

つまり，**教材を使った学級と，使っていない学級とで，子どもの事実がどう違ったかを比較する**のです。

例えば，A組は使用して，B組は使用しないといった具合です。もしくは，昨年度は使わなかった教材を，今年は使ってみるという具合です。

こうすれば，使った学級と使っていない学級とで，どのような子どもの事実の違いが生まれたのかが一目瞭然です。

このような比較をしていくことで，子どもに合う教材を探すことができるのです。

第4章
臨機応変な授業展開がもっとうまくなる9の技

26 子どもの理解の状況によって授業展開を変える

　子どもに合わせて、臨機応変に授業をつくるには、常に、子どもの理解の状況をつかもうとしなければなりません。

　子どもは、どういったことがわかったと自分で思っているのか。それをつかむのです。

　子どもの理解度を見とる方法は様々ありますが、主に次の3つを意識すればよいでしょう。

> ❶授業中の様子（発言、態度など）
> ❷ノートの記述
> ❸教師が出した問題に答えられるかどうか

　授業の後で、わかったような顔をしていても、実はわかっていない子がいます。また、わかったけれど、新しい疑問が生まれている子もいます。

　例えば、4年生の「物の温まり方」の学習で、「水の下を温めると、熱が上に伝わって上の水が温まる」と勘違いしている子がいました。サーモインクを使って実験した、ある子の理解です。正解は「下を温めると、温まった水が昇って、上に集まることによって、上から温まる」です。つまり、この子は「熱が伝わって」と勘違いしています。

中には「下を温めると上から温まる。つまり、水は温めた方とは反対側から温まる」という深刻な間違いも見られました。

このように、**同じ実験で、同じ現象を見ていても、その「解釈」は子どもによって違っている**のです。

そこで次のように発問し、臨機応変に展開します。

「水は温めると上にいくのだろうか？」

予想させた後で、実験で確かめさせます。温かい水が、冷たい水と比べて軽くなったから昇っていくことを追究させるわけです。

温かい水に色をつけてビーカーに入れ、アルミホイルでふたをしておきます。ふたには穴が空いています。それを、冷たい水の水槽の中に入れるとどうなるか観察させるわけです。

次に、この反対も観察させます。すなわち、冷たい水に色をつけてビーカーに入れておき、それを温かい水の入った水槽に入れるのです。

温かい水は上昇し、冷たい水は滝のように下降することがよくわかります。

このように、子どもの理解の状況によって、授業展開を変えていけば、より子どもが生き生きと追究しますし、深い理解に到達させることができるわけです。

27 子どもが何に問題意識をもつのか確認する

　5年生では,電磁石の働きを学びます。このとき,導入の仕方によって,子どもの問題意識が変わってきます。

　例えば,ある学級では,電磁石の完成形を紹介して,「魚釣りゲーム」をしたとします。すると,多くの子どもが,

　「この不思議な磁石は一体何だろう」

と思うはずです。そこで,**まずはこの磁石の構造を調べてみよう**という授業の展開になります。

　別の学級では,導入で次のように展開したとします。

　たった1本の導線と,乾電池,鉄粉を用意します。

　そして,1本の導線を鉄粉に近づけると,導線に鉄粉が反応して動きました。さらに,鉄粉が磁化されて,鉄粉同士が引き合うようになりました。

　すると,子どもたちは次のような疑問をもちます。

　「電流は,周りに磁石の力を出しているのかな」

　「電流には,鉄を磁石にする力があるのかな」

　「導線をぐるぐる巻くと,導線から出す磁石の力が強まったみたいだけど…」

そこで，**導線の近くに鉄を置くと磁石になるのか調べてみよう**と授業展開をすることになります。

　導入の実験の違いで子どもの問題意識も違い，その後の展開が変わりました。つまり**子どもの問題意識を確認しないと，次にどんな展開をとるべきかもわからない**のです。

　中には，次のような疑問をもつ子がいるかもしれません。
　「コイルの中ではなく，離れたところに鉄を置いた場合でも，鉄は磁石になるのかな」
　この疑問は，授業展開によって多くの子がもつこともあれば，ほとんどの子がもたないこともあります。
　授業によって，問題意識は変化するのです。
　もし，このような疑問が生まれたら，
「導線の大きな輪の中に鉄を入れるとどうなるかな？」
と発問し，展開していけばよいわけです。

　4年生で「空気と水は縮むか」を調べた授業では，次のような疑問をもつ子がいました。
　「牛乳やジュースも縮まないのかな」
　「ガラスやプラスチックなどの固いものは縮むのかな」
　実験で調べるのは難しい疑問もありますが，子どもなりに様々な問題意識をもっていることはわかります。
　子どもに合わせた授業をつくるには，常に子どもの今の問題意識を確認するよう努めないといけないのです。

28 子どもの「納得具合」を つかむ

　5年「物の溶け方」では,溶けることの意味を学びます。
　このとき,「水に溶ける」(水溶液)の意味として,「①見えないほど小さくなって透明になり,②均一に広がっていて,③時間が経っても溶けたものが下に落ちない」といったことを教えるはずです。
　ところが,子どもの中には,どうしても,この意味に納得できない子がいます。特に,②と③は,かなりの子が「信じられない」という反応をします。
　「本当に均一になっているのかな」
　「本当に,時間が経っても下に落ちないのかな」
　水溶液の下の方が,実はたくさん溶けているのではないかなどと考える子がいるのです。その子は,砂糖水は上よりも下の方が甘いはずだと信じています。
　このように,新しい内容を教えたとき,すぐに子どもを納得させられるとは限りません。「本当なの?」と反応する子がいるはずです。
　そこで,「納得するまで調べる」活動を展開することが大切になります。
　例えば,「本当に均一になっているのか」を調べるには,次のような実験をします。

> **実験❶** 均一に広がっているのなら，上と下で溶けた砂糖や食塩の量は同じはず。だからピペットで上部と下部の水溶液をとって蒸発させる。
> **実験❷** 水の中に1さじの砂糖や食塩をそっと入れて，混ぜずに放置しておくと，均一に広がるだろうか。

ピペットで上部と下部の水溶液をとれば，どちらも同じだけ溶けていることがわかります。

また，砂糖や食塩をかき混ぜないで水の底の方に置いて放置しておくと，数日経てば均一に広がります。これで，混ぜなくても時間が経てば均一に広がることがわかります。

さらに，「時間が経っても下に落ちないのか」を調べるために，次の実験を行います。

> **実験❸** 砂糖水や食塩水を，しばらく放置して，どうなるか調べる。

ビーカーの上部，中部，下部をスポイトでとって自然乾燥させれば，同じぐらい溶けているのか確かめられます。

このように，子どもが納得できないことによっても授業展開は変わります。臨機応変に授業を展開するには，子どもの「納得具合」をつかむ必要があるのです。

29 子どものつぶやきに耳を澄ます

　臨機応変に授業を展開するには，子どもの反応を見ながら授業を進めなくてはなりません。

　ポイントは，なんとなく反応を見るのではなく，つぶやきに耳を澄ますということです。

　例えば，全員わかったと思って授業を進めようとしても，一部の子がその段階でわからなくなっていることは少なくありません。

　そこで，もう少し補充学習をしようとか，似たような実験を付け加えよう，といったことに気づけるわけです。

　例えば，ヨウ素液を使った実験で，ほとんどの子は青紫色になったことを確認できています。

　ところが，

「もともとの色（茶色）と，青紫色の違いがわからない」

とつぶやいている子がいました。

　そこで，はたと気づきます。

「あぁ，そうか。青紫色とはどんな色なのかを，まず写真や実際の体験で示さなくてはならなかった」

「もともとの色はビールのような色だということを強調

しておかないといけなかった」

　このように，**子どものつぶやきから，自分の授業の「まずさ」に気づくことがある**のです。

　一方，ある子は，
「同じ青紫色になるにしても，時間差がある」
「濃い青紫になることもあれば，薄い青紫になることもある」
といったことをつぶやいています。
　これは，周囲に広げるべきよい気づきと言えます。
「でんぷんはどの食べ物にも含まれているのかな。もっといろいろなもので試したいな」
といったつぶやき（疑問）も同種のものです。
　つぶやきに耳を傾けると，広げるべきよい意見や考えが見つかり，次にどのように展開すべきかの手がかりがつかめるわけです。

　このように，授業中に子どもたちはいろいろなことをつぶやきます。
　それがごく一部の反応だと思っていても，全体に確認すると，実は多くの子がそう思っていたといったこともあります。
「水に溶けている様子を絵にかいてみましょう」
と教師が指示したとき，

「そんなの当てずっぽうにしかならないよ」
と，ある子がつぶやいた場面を見たことがあります。

これは，もっと実験をするなり，考えの手がかりをもらうなりしないと，イメージするのは無理だと言っているのです。しかも，1人だけでなく，他の子も同じように思っていることがこの授業では明らかになりました。

また，こういった授業も見たことがあります。
教師が，
「食塩水は本当に食塩が均一に広がっているのかな？」
と尋ねました。
このとき，教師は，定量的に調べたいと考えていました。ところが，ある子は開口一番，こう言いました。
「なめてみて，味を確かめればいいじゃん」
定量的ではないですが，確かに子どもならそうしたいと思うのが自然です。

こういった，「子どもらしい反応」も，実は多くの子が同じように思っていることが少なくないのです。

そういった子どもの反応を見て，授業を臨機応変に変えていくべきなのです。

6年生に，授業の冒頭でいきなり手回し発電器を渡しても，その原理がわからないので，
「電気を生む何かの機械なのかな…」
ぐらいの反応しか見せません。

しかし，その反応を見ることで，

「いきなり手回し発電器を使うのはまずいな」

ということに気づきます。

　つまり，手回し発電器を配る前に，手回し発電器の原理を学ばせなくてはならないのです。

　そこで，200回巻のコイルをつくらせ，中にネオジム磁石を入れて動かすと，LEDが光る体験をさせます。

　すると，

「わぁ，すごい！　磁石と導線だけで電気が起きた！」

と感動します。

　これで，手回し発電器を渡せば，「これは便利だね」と，すんなりと受け容れてくれるわけです。

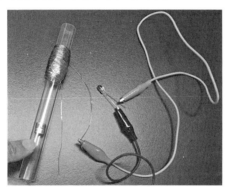

　このように，子どものつぶやきに耳を澄ますことで，自分の授業に何が足りなかったのかもつかむことができるのです。

30 授業後にイメージを尋ねる

　先に，子どもの理解の状況をつかもうとしなければならないと述べました。

　単元が終わった後や授業が終わった後で，理解の状況を調べることも重要です。

　理解の程度を測るには，イメージを尋ねるのが効果的です。**テストなど知識を問う問題はできていても，子どもの頭の中の「自然へのイメージ」はまったく異なることがある**からです。

　例えば，4年「電気の働き」の単元でも，授業後に，いろいろなイメージを子どもたちはもちます。

　この単元では，乾電池の直列回路と並列回路を学習します。並列回路と直列回路で，流れる電流の大きさは変わります。これをどう考えているのか調べてみると，バラバラであることが多いのです。

　「乾電池を並列につなぐと，ゆっくり流れるから長持ちする」
と考えている子がいれば，

　「ゆっくりではないが，交互に流れるので長持ちする」
といった考えの子もいますし，

「そもそも流れる電流の量が少ない」
という考えの子もいます。

　子どもの頭の中の「自然へのイメージ」は，目に見えません。教師が知ろうとしないと，子どもによってバラバラのイメージをもったまま，次の単元に移ることになってしまいます。
　そこで，授業後に絵や図などに表現させて，どのようなイメージができているのか確認します。イメージがバラバラで，しかも，間違っているのなら，そこに焦点を当て，さらなる追究をさせなくてはなりません。
　このように，子どもが形成したイメージに着目することで，より子どもの思考に沿った授業になり，能動的な学習を促すことにつながっていくのです。

　他にも，子どもたちがバラバラなイメージをもちやすい例として，3年「磁石の力」の学習があります。
　磁石は，下敷きや紙，定規などをはさんでも，鉄を引きつけます。
　ただ，これをどうイメージしているかは，子どもによってバラバラであることが少なくありません。
　「磁石の力は，ものを貫通して届く」
　「磁石の力は，ものを回り込んで届く」
　このように，同じ現象を見ても，形成されるイメージが異なることは多々あるのです。

31 興味をもたせたうえで, 自己決定させる

　子どもは, 自分が調べたい課題を調べるときには, 能動的に学習に参加します。

　また, 自分で考えた解決方法で検証するときも, 能動的に学習に参加します。

　２つに共通しているのは,「自己決定」している, ということです。

　もちろん, この２つが合わさると, より効果的です。つまり, 自分の学びたい内容を, 自分なりに解決するように導くことができれば, 子どもはかなり意欲的に進んで学ぼうとします。

　ただし, 注意すべき点があります。

　それは,**「興味をもたせる」のが先に来る**ということです。

　子どもに興味をもたせるような働きかけをしていないのに,

　「何か調べてみたいことはありませんか？」

と, 教師が子どもに尋ねる授業を見たことがないでしょうか。

子どもの中に問題意識や疑問が生まれていないのに，「調べてみたいこと」を尋ねても，子どもからは何も出てきません。

　ですから，教師が意図的に価値のある内容に興味をもたせるようにしなくてはなりません。そのうえで，自己決定させることが大切になるのです。

　まずは，課題を自己決定させる場面を考えてみます。

　例えば，5年生で発芽の条件を調べさせるなら，以下のように，導入問題を工夫します。

> 2年間袋の中で眠っていた種です。どうやったら眠りから覚めて，芽が出てくるでしょうか。

　子どもたちは，種が2年間も理科室で眠っていたことに驚きます。種の発芽に必要な「スイッチ」をいろいろと考えたくなるというわけです。

「『水』が必要だ」

「袋に入っていたのだから『空気』が足りない」

といった意見が出ます。

　ここで，「土」が発芽に必要かどうか調べたいという子が現れたとします。

　ひょっとすると，「光」や「肥料」も出るかもしれません。このような**「子どもの仮説」**を大切にしたいのです。

　子どもによっては，

「土がないのに発芽した！」
と叫ぶほどに驚くこともあります。

そういった学習の原動力となる素直な気持ちを大切にして，子どもの仮説を基に調べさせていけばよいのです。

次に，自分で考えた解決方法で検証させる場面で考えます。

これは，実験方法を見通せるぐらいにまで，ある程度内容の知識や，実験の知識を与えておく必要があります。

そのうえで，多様な実験方法を試すことができる課題には，子どもなりの方法を試させるとよいでしょう。

例えば，3年生で風の働きやゴムの働きを調べるとき，

「できるだけ遠くに車を走らせたり，速く走らせたりしたいのだけど，どうしたらいいかな？」

と尋ねます。

ある程度まで風の働きやゴムの働きを利用したおもちゃで遊ばせておいてから，やり方を考えさせるようにします。やり方は1つではありませんから，いろいろと試して，確かめることができます。

方法への見通しがもて，かつ，いろいろな方法が確かめられるからこそ，子どもたちは自分なりの方法で試したいと，熱中して取り組むことになります。

また理科では，単元で学んだことを基に，発展的な課題を調べさせることもよくあります。

例えば，4年「人の体のつくりと運動」では，人以外に，動物の体を調べることも行います。

　いろいろな動物の体のつくりを調べさせるとするなら，動物の体を調べる発展課題で，例えば，鳥の観察などをさせてもよいでしょう。

　このとき，
「クチバシの形は，鳥によって違うのかな？」
「羽の形はどうかな？」
「飛べない鳥がいるのはどうしてかな？」
などと尋ね，調べさせていきます。

　足の速い動物とそうでない動物の違いを調べさせたりするのもよいでしょう。

　単元の最後に行う発展課題では，比較的簡単に，「調べたいこと」が子どもから出てきます。また，調べる方法にも習熟していますから，いろいろと解決方法を考えることができます。

32 答えが1つではない問いを考えさせる

　理科では,グループで問題を解決させることがあります。また,1つの問題を全員で解決させる場合もあります。
　このような協働的な学習の場面では,協力しないと解決できない質の高い問いを用意する必要があります。

　そこでポイントとなるのが,「答えが1つではない問い」を用意するということです。

　例えば,国連の世界人口推計では,近い将来世界の人口は100億人を超えると言われています。そこで尋ねます。
　「急激に人口が増えることで困ることは何だろう?」
　「その困ることを解決するためには,どうしたらよいだろう?」
　こういった問いをいくつか投げかけ,興味のある問いをグループごとに追究させていけばよいのです。
　答えは,1つではありませんし,決まりきった答えがあるわけでもありません。グループごとに協力して解決し,その情報を共有すれば,深く,広い学びが得られます。

　6年生の環境学習で,絶滅危惧種について学んだなら,

次のような問いが考えられます。

「絶滅を防ぐために,どんなことができるかな?」

「もし自分がその絶滅危惧種であるなら,人間にどうしてほしいかな?」

地域で数が減っている天然記念物や希少動物などを扱ってもよいでしょう。

「タンチョウを守るために,何ができるかな?」

「天然記念物のアユモドキを川に戻すために,何ができるかな?」

また,6年生でモーターで電気を生み出せることを学びますが,環境学習に関連させ次のように問うことができます。

「文明の行き届いていない発電所のない国で暮らします。モーターしかありません。電気をつける方法を考えてみましょう」

モーターと電流計を渡し,いろいろと確かめさせます。割り箸でこする方法から,糸を巻きつけて引っ張る方法,車に連動させ坂道で走らせる方法,プロペラをつけて風力や水力を利用する方法など,様々な方法が考えられます。これで発電の仕組みを体験できますし,どれが楽で安定しているのかを考えることもできます。

決まった答えを求めるだけでなく,**答えが1つに決まらない問いに対して自分なりの考えをもつことができる力を育てることが**,これからの時代には求められています。

33 討論を取り入れる

　対話を通した協働的な学びを促すには,討論を取り入れるのが効果的です。

　討論は,理科の授業展開の様々な場面で取り入れることができます。

　まずは,「予想」や「仮説」を立てさせる場面で,討論を取り入れることができます。予想や仮説は子どもによって違うことが多々あるからです。

　例えば,ビニール袋で空気が縮むかどうかを確かめさせると,

　「(空気は)縮まないだろう」

　「縮むだろう」

というように予想が分かれます。

　予想が分かれたら,どの予想が正しいか討論します。

　ただ,**予想や仮説の段階では,体験等から得た情報がある程度ないと,根拠の弱い意見交換になる恐れがある**ので注意が必要です。

　討論が成立するには,ある程度の情報の蓄積が絶対条件なのです。

他に討論を取り入れられる場面としては，「考察」の場面があります。

　実験結果は1つでも，内容が食い違う複数の考察が出されることはあります。

　そこで，どの考察が妥当かについて討論をするのです。

　考察の場面では，ある程度学習内容が蓄積されてきているので，予想や仮説の段階よりも根拠の強い意見交換ができるはずです。

　さて，討論が一番盛り上がるのは，何といっても，単元の最後に，子どもたちの意見が分かれる問いが投げかけられたときです。

　3年生の磁石の学習を例にすると，磁石について調べたうえで，

「磁石の真ん中は何極？」

「磁石を細切れにすると，極はどうなる？」

といった問いを投げかけるのです。

　磁石を細切れにすると，

「N極だけ，S極だけに分かれる」

「真ん中だけ磁石ではなくなる」

など，様々な予想が上がります。

　こうして，実験をさせつつ，いったいどの意見が正しいのかを討論させます。

　つまり，単元の最後に行う討論では，「討論を行い，実験で確かめ，また討論を行い，さらに実験でもう一度確か

める」といったように，**討論の間に実験を挟むとよい**のです。

　この方が，より根拠がはっきりとした意見の交換になり，討論が深まるはずです。

　６年生の環境学習では，単元の最後になると，次のことがわかってきます。

　「人間が普段通りの生活を送ることで，他の生き物がすみかを失ったり，環境が悪化して生きていくことができなくなったりしている」

　すると，次のような意見が出てきます。

　「他の生物や地球環境を守るために，人間の活動を制限した方がよいのではないか？」

　これには，賛否両論出てきます。

　「車に乗るのも制限すべきかどうか」

　「電気をあまり使わない方がよいので，テレビなども制限すべきではないか」

　人間は今さら便利な生活を止められないというような少し角度の違った意見が出てくることもありますし，制限するとして，どこまで制限するのか，といったことも問題になります。討論は様々な方向へ話が広がり，盛り上がります。

　他にも，次のような問いを投げかけて討論させてもよいでしょう。

　「未来のエネルギーとしてふさわしいのは何だろう？」

先にも述べたとおり，討論が成立するためには，情報の蓄積が欠かせません。そこで，エネルギーの長所や短所を**調べる時間を十分に与えます。**

　例えば，「出力の強さ」「安定性」「コスト」「環境への負荷」「事故が起きたときのリスク」「どの程度のエネルギーをまかなえそうか」といった視点で，それぞれの発電のやり方を調べさせていきます。

　そして，どういった発電の仕方でエネルギーを得るのが未来にとってよいのか，討論をさせるわけです。

34 「メタ認知」を促す

　能動的な学習を促すために，子どもに学習課題を選ばせ，解決方法も子どもに任せることがあります。こうすることで，子どもにある変化が出てきます。

　「学習とは，自分で課題を設定して，解決方法も考え，進めてよいものなのだ」という意識の転換が起きるのです。これは，とても大きな転換です。

　さて，このように子ども自身に探究を促す授業には，失敗がつきものです。仮説を立てることができなかったり，実験方法を考えることができなかったりします。
　ですから，まずは教師が「子ども自身に探究を任せると，失敗はつきものである」と意識するべきです。

　ここで大切になるのが，**子ども自身に「学習の振り返り」をさせる**ことです。
　学習の成果や課題を振り返らせることで，次はこうすればよいのかという見通しをもたせることができます。また，次はきちんと課題を解決できる方法を考えたいという意欲も引き出すことができます。
　このような振り返りは，「メタ認知」とも呼ばれます。

つまり，自分で自分を客観的に振り返らせる時間をとるのです。そして，メタ認知を促すことで，次の学習活動への能動的な参加を促すことができるのです。

　例えば，4年生で水の温まり方を探究しているのに，「冷たい水と温かい水を混ぜ合わせるとどうなるのか」という別のことを調べている子がいたとします。
　そして，授業の後，
「今日自分が考えた方法で，水の温まり方のどういった部分がわかったのか，振り返ってみましょう」
と指示します。つまりメタ認知する機会をつくるのです。
　上記の子どもについては，子どもなりに，「冷たい水と温かい水の動きの違いを調べるために実験した」「冷たい水と温かい水はきれいに分かれるのか，それともぐるぐると回転するのか調べたかった」といった振り返りがされていれば大きな問題はありません。
　しかし，「ただ何となく調べた」といった場合も少なくありません。その場合は，
「今日の実験は，調べたい課題を解決するのに本当に合っていましたか？」
と振り返らせます。これで実験が適切ではなかった子も，
　「あぁ，これではダメなのだな」
　「次の時間は，実験前に本当にこの実験で確かめられるのか考えてからやってみよう」
と反省し，次の時間にはより意欲的に取り組むはずです。

また、4年生では「水は環境をいろいろな姿となって循環している」ことを教えます。ここで大切なのは、「目に見えないけど、空気中に水が気体となって含まれている」ということを教えることです。そのヒントとして、

　「味つけのりを部屋に置いておくと、湿りますね。この仕組みはどういうことなのだろう？」
と発問し、追究を促したとします。

　もちろん、湿度がかかわってくるのですが、子どもたちは、空気中の水蒸気ではなく、湯気がついたとか、暖かい部屋でのりが水の近くにあったのでその水が移ったとか、そういうことを答えることもあります。

　子どもは子どもらしい考えをしているのです。

　子どもの調査方法を見ると、水の近くにのりを置いたり、沸騰させた水の近くにのりを置いたりと様々です。

　「この実験で本当にわかるかな？」

　「のりはどこでも湿るような気がするけど、それを確かめる方法はないかな？」

　このように、実験方法を振り返らせ、より生活場面で起きていることが再現できる方法を考えさせていきます。

　すると、「水のない寒い部屋（湿度が低い部屋）でも、のりが湿るか確かめる」「密閉したのりは長期間湿らないことを確認する」「湿度が高い環境をつくるとのりがすぐに湿ることを確認する」といった新しい方法が出てくるのです。

第5章
理科の見方・考え方の育成がもっとうまくなる8の技

35 自然観を育てる

　理科を教えるうえで,「自然観」を育てることを意識しておくと,授業がよりよいものになります。

　ここで言う自然観とは,自然に対するイメージのことです。

　自然を見たときに,科学の知識があるのとないのとでは,見え方が違ってきます。科学の知識がある人は,自然を見たときに,様々なものが目に入ってきます。

　言い方をかえると,理科の授業を通して,**自然を見たときに,これまでに見えなかった科学的な風景を見えるようにする**ということです。

　例えば,運動場の土をただ眺めていても,何かが見えてくるということはないでしょう。

　しかし,運動場の土の中には,石英や長石,黒雲母,砂鉄などが落ちています。

　石英はガラスの原料,長石は陶器やタイルなどの原料になり,黒雲母は肥料になり,砂鉄は鉄になるということを教えます。

　このような科学の知識を得て,運動場の土をつぶさに観察すると,そこが宝の山に見えてくるのです。

これも1つの自然観の変化です。

　さらに，新しい疑問が生まれてきます。

「海の砂はどうなのだろう」

「砂漠の砂はどうなのだろう」

「山の土には何が含まれているのだろう」

といった具合です。

　砂漠は，厳しい風化にさらされるため，石英など堅いものしか残っていません。反対に，山の土は，落ち葉などが堆積しています。

　すると，砂漠はガラスの原料ばかりからなっていて，肥料の原料がないので植物は育ちにくく，山は肥料となるものが混ざっているので，植物がたくさん育つことがわかります。

　このように，見方や考え方がどんどん広がっていくようになるのです。

　4年生では，学校をぐるっと観察して，四季の移り変わりを感じる学習を行います。

　このとき，ユリノキなど，ブーメランのようにできるだけ遠くに種を飛ばす植物があることに気づかせます。

　そして，

「植物は，種を遠くに飛ばす工夫をしているんだね。他にどんな工夫があるのかな？」

と尋ねます。

　3年生のときに育てたホウセンカは，種をはじくように

ユリノキの実

飛ばしました。

　また、生活科で学んだタンポポは、綿毛を使って遠くに種を飛ばしていました。

　他にも、クルミやヤシなど水で運ばれる種や、どんぐりなど動物によって運ばれる種、鳥の糞によって運ばれる種、オナモミなど動物にくっついて運ばれる種など、様々なものがあることがわかります。

　すると、

「植物は子孫を残すために、種を遠くに運ぶいろいろな知恵をもっているんだな」

「種が目立つ色をしているのは、鳥に食べてもらうためかな」

といった様々な自然観が育つのです。

そして，**子どもたち自身にも，理科を学ぶことで，自分の自然を見る目が変わっていっていることに気づかせていく**のです。

　どのような自然観を育てたいのか。
　それを教師が意識することで，新しい授業を思いついたり，授業の進め方をよりよいものにできたりすることがあるのです。

36 比較する力を育てる

　新しい学習指導要領では，理科の学習が始まる３年生の内容のすべてに**「比較しながら調べる活動を通して」**という一節が出てきます。

　理科が始まる最初の学年で，「比較」がこれだけ重視されているのは，それが今後の学習を支える重要な力になるからです。

　科学研究の世界においても，比較しながら新しい発見をすることは基本と言えます。

　例えば，３年生の昆虫の学習で考えてみましょう。

　昆虫を比較するといろいろなことがわかります。

　幼虫の足の数も，比較するとおもしろいことがわかります。昆虫によって幼虫の足の数は違っても，とがった足は６本ある幼虫が多いことに気がつきます。つまり，成虫の足の数と同じなわけです。

　他にも，テントウムシを比較してみると，おもしろいことがわかります。

　似ているところは，形が丸いことや星があることです。

　違うところは，食べ物です。アブラムシを食べる肉食の

ものもいれば，菌類を食べるもの，草食のものもいます。
　つまり，比較しながら差異点や共通点に気づかせることで，様々な学びを得られるわけです。
　そこで，授業の中で次のように尋ねるようにします。
「違うところはどこだろう？」
「似ているところはどこだろう？」

　比べないと，本当のところはわからないことに気づかせることも大切です。
　例えば，6年「物の燃え方」の学習で，酸素50％・二酸化炭素50％の人工の気体の中で，ろうそくの炎がどう燃えるのかを調べるとしましょう。

このとき，必ず自然の空気でのろうそくの炎の燃え方も同時に比べないといけません。

そうしないと，「ろうそくの明るさ」「燃え続ける時間」「炎の大きさ」などが，人工の気体ではどう違うのかがわからないからです。

ところが，比較するための実験を忘れる子もいます。ただ人工の気体だけを用意して，実験しようとします。

ですから，ここで気づかせるための問いかけを行わなくてはなりません。

「この実験で結果をわかりやすくするには，何と何を比べないといけませんか？」

こうして，自然の空気の場合と比べないといけないことに気づかせていくのです。

また，**活動の中で子どもの考えが自然と比べることに向くように導くのも，比較する力を育てるのに効果的**です。

例えば，３年生の磁石の授業で，同じ形の金属のコップを用意します。

同じ金属のコップですが，一方のコップは磁石に引きつけられ，別のコップは引きつけられません。

そうなると，子どもたちは思います。

「形も光沢も同じようなコップなのに，一体何が違うんだろう？」

こうして自然と違いを探すようになるのです。

同じような考え方で，似たようなねじやナットを用意し

ておいて，鉄だけが磁石に引きつけられることを学ばせることができます。

　教師が授業を構想する際には，
　「この原理を教えるために，似たようなものや違いが明確にわかるものがないか」
と考え，教材を用意するようにすればよいでしょう。

37 因果関係を考える力を育てる

　因果関係を考える力は，比較の力と同じぐらい大切なもので，この２つは学問や研究の基本と言っても過言ではありません。

　新しい学習指導要領では，４年生の内容のすべてに「…と…とを関係付けて調べる活動を通して」として示されています。

　因果関係を考える力は，３年生からでも無理なく育てることができます。

　例えば３年生では，身近な自然の観察を行います。

　身の回りの動物や植物の様子を調べて，様子を探っていくわけです。

　このとき，動物の活動と場所とが関係していることに気づかせるようにします。

　そして，観察の後の記録を工夫させます。

「○○という場所には，○○が多くいた」

といったように記録させるのです。

　すると，

「草むらには，バッタが多くいた」

「花畑には，チョウがたくさんいた」

「山に近い木の多い場所には，カミキリムシが多くいた」
「地面が土で背の高い木がある公園には，セミが多くいた」
「池のまわりには，カエルがいた」
「落ち葉や石の下には，ダンゴ虫がいた」
といった具合にまとまります。

石の下には何がいる？

このようにすると，場所と動物の活動をつなげて考えられるようになります。つまり，因果関係に気づくことができるのです。

そして，
「すみかとなる場所に多くいる」
「食べ物がたくさんあるところに多くいる」
「成長のために必要な水がある場所に多くいる」
といったことがわかってくるのです。

4年生でも自然観察を行います。

　植物の四季による移り変わりや，動物の1年の活動の様子を調べます。そして，生き物の活動や成長と環境とのかかわりや，季節によって活動の様子が違うことに気づかせます。

　4年生でも，因果関係に気づけるよう導くことが大切になります。

　「暖かい季節だと，植物や動物はどのように過ごしているのか。また，それはなぜなのか」

　「反対に寒い季節だと，植物や動物はどのように過ごしているのか。また，それはなぜなのか」

　そういったことを考えさせていくのです。

　なお，**3年生や4年生では，経験が先に来て，最後に因果関係を考えさせるのが基本**となります。

　経験を蓄積させ，十分に具体例を教えてから，因果関係をまとめさせるわけです。

　言いかえると，「具体」から「抽象」に向かうわけです。

　経験は多い方がよいので，春の観察でもひと工夫します。

　例えば，普通は春にヘチマの種を植えて，

　「1年間観察をしていきましょうね」

というのが普通です。

　ここで，**春に種を植える前に，去年の枯れたヘチマの畑を見せる**ようにします。

　去年のヘチマは枯れてしまっているので，3月になると

畑から撤去しますが,それをあえて残しておくわけです。そして,枯れたヘチマを観察させて,気づきを発表させます。

「枯れたヘチマがこれからどうなっていくのだろう」

「春になるとまたヘチマの芽が出てくるけど,どうしてだろう」

といった気づきや疑問が出されるはずです。

こういった気づきを踏まえ,教師は,

「春になると,ヘチマに限らず,植物の芽がどんどん出てきますね。ヘチマは枯れているので,もう芽は出ません。でも,毎年ヘチマは育ちます。何から芽が出てくるのでしょうか?」

と問いかけ,種から芽が出てくることを押さえます。

そして,

「ヘチマは季節によってどんな姿になるのか観察していきましょう」

と,学習を進めていくのです。

少しでも多くの経験を蓄積させ,そして,ヘチマは季節によって育ち方や様子が違うことに気づかせていけばよいのです。

38 条件に目を向け，条件を制御して調べる力を育てる

　高学年になると，ある程度抽象的な思考ができるようになり，予想や仮説も立てることができるようになります。
　そのため，因果関係の中の，原因を考えさせる発問を最初に行う場合もあります。そして，原因を予想させ，追究させていくようにします。

　例えば，5年生の「植物の発芽」の授業で，種の観察をした後で，次のように発問します。
　「数年眠っていた種です。種の眠りを覚まし，芽が出てくるために何が必要だと思いますか？」
　つまり，**発芽の条件を予想させる**わけです。
　このとき，様々な仮説が子どもから出てくるはずです。その仮説を確かめさせるために，条件を制御しながら実験をさせていくことができます。

　もちろん，自然体験を先にもってくる場合もあります。
　5年生では，発芽には種子の中の養分が必要なことも教えなくてはなりません。
　このとき，種子をしばらく育ててみて，その結果，種子の中の養分がなくなったことに気づかせていきます。結果

として，発芽に種子の中の養分が使われていたことを教えるわけです。

このことを最初に予想することは難しいですし，調べにくいことでもあるので，先に自然体験をもってくればよいのです。

ただし，ここで終わってはもったいないので，時間に余裕があれば，追究活動も入れていきます。

本当に発芽（と少しの成長）に種子の中の養分が必要なのかどうか，条件を制御して確かめさせていくのです。

まず，種子の中には，根・茎・葉になる部分がきちんと入っていることを観察させます。

そして，根・茎・葉になる部分以外のところにでんぷんがあることを教えます。

そのうえで尋ねます。

「でんぷんがある部分をなくしたら、発芽（と少しの成長）の様子は変わるでしょうか？」

つまり、養分がある子葉の部分を取り除いて、これで元気に成長するかどうか、ということを尋ねているわけです。

そして、種をバラバラにして育ててみます。

---

❶根・茎・葉になる部分だけを育てる
❷根・茎・葉になる部分と、養分のある部分を半分だけつけて育てる
❸普通の（すべてがそろった）種子を育てる
❹養分だけの部分を育てる

これらを比べさせるのです。

根・茎・葉になる部分だけを育てても、少しは大きく育ちますが、それ以上は育たないことがわかります（❶）。

しかし、子葉の部分があれば、子葉の栄養を使って、大きく育つことができます（❷）。

一番大きく育つのは、普通の種子です（❸）。

このことから、

「やはり、発芽（と少しの成長）には、種の中の養分が必要なのだ」

とわかるわけです。

以上のように，最初に原因となる条件を予想させる場合もありますし，自然体験の後に原因に気づかせ，追究させる場合もあります。
　どちらの展開をとるかは，子どもの実態や内容によって使い分けていけばよいでしょう。

39 推論する力を育てる

　推論とは，自然現象の要因や規則性，関係などを推し量ることです。

　例えば，3年生でいろいろなテントウムシを調べてみたとしましょう。同じテントウムシでも，すみかや食べ物は違います。

　普通は，
「テントウムシの種類によって，すみかや食べ物が違う」
と考察して終わりです。

　テントウムシを比べてわかった事実をそのままままとめているだけです。

　ただ，ここからもう少し進むと，すみかと食べ物が関係していること，つまり，因果関係に気づく考察もできるかもしれません。

　さらに，推論までいくとレベルが上がります。**事実からわかることを，さらにもう一歩突っ込んで考えてみる**わけです。

　同じテントウムシで，すみかや食べ物が違うと何がよいのでしょうか。1つの理由として，生存競争をしなくて済みます。

　こういった，自然現象への規則性まで，推し量るような

力を身につけたいわけです。

　推論する力は，理科の学習において，様々な場面で求められます。
　例えば，単元の導入の自然体験をする中で，仮説をつくるときです。
　また，結果から考察し，何らかのきまりや法則性を考えるときです。

　では，推論する力はどうやって育てたらよいのでしょうか。
　具体的に6年生の学習で考えてみます。
　6年生では，水溶液に金属を変化させるものがあることを学びます。
　そして，アルミニウムを塩酸に溶かす実験を行います。
　実験後，溶けたアルミニウムは，もとのアルミニウムと同じか違うかを考察させます。
　「もとのアルミニウムと同じか？　それとも違うか？」
　この考察は，子どもにとってかなり難しいものです。根拠をもって結論を出さないといけないからです。
　まず，金属ではなくなったことが判断できるには，「そもそも金属とはどんなものか」という定義を知っておかないといけません。
　「金属とは，キラキラと光っているものだ」という理解が必要になります。

アルミニウムが溶けた液体を蒸発させ，残った物質を集めると，金属光沢は失われています。
　しかも，溶けているときには気体が出ていました。つまり，食塩を水に溶かしたときと比べて，溶け方の様子が違います。
　このように，**推論には，証拠となる事実をできるだけ多く探すことが必要であることを教えなくてはなりません。**

　さらに尋ねます。
「金属か金属ではないか，一発でわかる実験はありませんか？」
　すると，電気を通すかどうか，３年生で扱った「テスター」を使えばよいことに気づく子が出てきます。
　電気を通さないので，金属ではないことがわかります。
　また，
「蒸発して取り出した物質を，もう一度塩酸に溶かしてみて，気体が出るかどうか調べてみるとよい」
と言う子も出てくるかもしれません。
　溶かしても，気体は出なくなっています。だから，最初のアルミホイルとは違うという証拠になるわけです。
　さらに，別の金属を溶かしてみて検証することが必要だと考える子がいるかもしれません。例えばマグネシウムが塩酸に溶けると，別のものに変わったという事実を探らせます。
　そして，これらの結果から，「金属を溶かす水溶液があ

り，金属は溶けると別のものに変わっている」という一般性を推論させるようにしていきます。

　つまり，**自然現象の規則性を推論するには，さらなる検証もしてみることが必要ということを教える**のです。

　このように，推論のために必要なことを教えていくことで，推論しながら調べる力や，規則性を推論する力などが育っていきます。

40 クリティカル・シンキングの力を育てる

「クリティカル・シンキング」とは,批判的思考や多面的思考を意味する言葉です。

別の表現をすれば,**様々な情報から,妥当性を吟味し,合理的に判断する力**と言ってもよいでしょう。

例えば,学級で植物を育てたのですが,うまく育たず,枯れてしまったとします。

こんなとき,よい学びの機会なので,

「植物が枯れたのはなぜでしょうか?」

と問い,原因を考えさせてみましょう。

原因は1つではなく,様々考えられます。

水を与えていなかったのか,与えすぎたのか。

日光が当たらなかったのか。

肥料が足りなかったのか,多過ぎたのか。

そういった様々な観点から,原因を判断するわけです。

このとき必要なのは多面的な思考です。1つだけでなく,様々な可能性を考えるわけです。

では,批判的思考とは何でしょうか。

例えば,「確からしい要因」が確定できそうになっても,

あえて,

「そうではない可能性はないか」

と批判的に吟味することを意味します。

つまり,賛成意見だけでなく,反対意見にも耳を傾け,反対意見の側から検証してみるのです。

このように,多面的・批判的に考えてみて,最終的に妥当性を吟味し,合理的に判断できればよいのです。

クリティカル・シンキングの力をつけるには,そのための工夫を授業に取り入れなくてはなりません。

例えば,以下の問題について考えるとします。

> 持続可能な社会にするために,20年後にどのような世界になっていればよいでしょうか。

考えるためには,様々な情報が必要になります。

自然破壊の様子や,自動車の燃料の移り変わり,レアメタルの利用,エネルギーの種類とデメリット,などです。

子どもたちの調べ学習の様子を見ていると,「自分の意見と同じ主張」を集めていることが少なくありません。**自分の意見を強化したいために,自分の考えと合致している資料ばかり調べてくる**わけです。

そこで,自分の考えと合っている情報だけでなく,自分の考えと合わない情報にも目を向けさせるようにします。そうすることで,多面的・批判的に考えることが可能にな

ります。

また，討論をさせると，子どもから様々な意見や考えが出されるはずです。

ここで，**自分とは反対の意見や考えを参考にして，もう一度自分の意見や考えの妥当性を吟味させる**のもよい方法です。このことは，自分の考えを客観的に振り返るという「メタ認知」の意味があります。

6年「物の燃え方」の学習で，子どもから次のような疑問が出ることがあります。

「酸素が減ったから消えたのか？ それとも，二酸化炭素が増えて火を消す働きをしたから火が消えたのか？」

このような疑問を検証させる際，できるだけ多面的に調べるよう促すことが大切になります。

「火が消えたのは，酸素が少なくなったからではないか。だとしたら，酸素が少ない気体をつくって調べよう」

「二酸化炭素が多い気体を人工的につくってみて，確かめてみよう」

このように，**普段の授業から，多面的・批判的に調べたうえで結論を出すように促す**ことが大切になります。

なお，多面的・批判的思考を促すには，教師の言葉かけも大切になります。

例えば，6年生の環境学習で，「食糧不足の問題をどうやったら解決できるか」を考えさせるとします。

このとき，多面的に考えさせるなら，調べ学習に入る前に，次のように指示してみるとよいのです。
「もっととんでもないアイデアはありませんか？」
「今は実現不可能だろうけど，未来の世界なら可能ではないか，というアイデアはありませんか？」
　すると，子どもたちはとんでもないアイデアを考えます。
「砂漠を普通の土に変えればいい」
「砂漠でも育つ強い植物を品種改良でつくればいい」
「海水を真水に変え，その水を砂漠に送るパイプをつくればいい」
　このように，**教師の言葉かけで現実性や常識という壁をいったん取り払い，より多面的にいろいろと考えさせてみる**のです。
　そして，実現可能なのかどうか，現在はどういった形で研究が進んでいるのか，などを調べさせていけばよいのです。
　また，批判的に考えさせるなら，調べ学習の後で，次のように言葉かけするとよいでしょう。
「『この情報は本当かな？』と疑ってみてください」
「『もっとよい方法はないかな？』と疑ってみてください」

41 知識を活用する力を育てる

　知識を活用する力とは，一言で言えば，「知識を使って考える力」のことです。もう少し詳しく言えば，科学的な知識や概念を様々な場面に適用して，科学的な根拠をもって判断・解釈できる力のことです。

　活用する力を高めるには，単元で学習した問題と似た問題に，知識を適用させるだけでは不十分です。
　むしろ，**できるだけ子どもが考えたことのない状況の問題を出すのがポイント**です。「別文脈からの問い」を出し，そこで知識を活用できるかどうかを見るわけです。

　4年生の物の温まり方の学習で，次の問題を出しました。

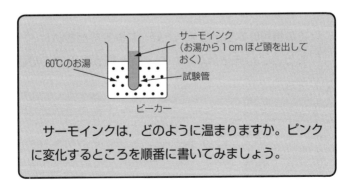

サーモインクは，大きめの試験管（直径30mm×長さ200mm程度）に入れておき，ビーカーなどの入れ物に60℃のお湯を入れます。そして，サーモインクが入った試験管をビーカーに入れます。ポイントは，湯の水面よりも上に，サーモインクの水面が出るようにすることです。

　子どもたちは当然，湯で温まったところだけがピンクになると考えます。

　しかし，実は，温められたサーモインクがすべて上にのぼるので，湯の水面よりも上にあるサーモインクの水面からピンクに変色します。そこは湯で温められておらず，空気しか触れていないにもかかわらずそうなるのです。

　そして指示をします。

　「サーモインクの上の方には空気しか触れていません。なのに，サーモインクの上の方からピンク色になりました。どうしてこうなったのか，説明しなさい」

　子どもによっては湯気が当たって上が温まったという子もいます。しかし，湯気ぐらいでは温まらないことは，確かめればすぐにわかります。

　このような問いに答えるには，単元で学習した知識が理解できており，なおかつ知識を的確に当てはめて考えること（活用）が必要になるのです。

42 科学的な表現力を育てる

　頭の中の思考は，表現されたものを通してしか他者は見ることができません。理科でも，考えたことや思ったことを何らかの形でうまく表現する力を養うことは大切です。

　科学的な表現力を高めるには，**表現の仕方を「型」を示して教えるのが効果的**です。

　例えば，次のような型を教えていきます。

> **❶例示**
>   ○○は○○であると考えられる。
>   例えば，○○という例がある。
> **❷仮説**
>   もし，○○だとしたら，○○になるだろう。
>   ○○になったのは，○○だからではないか。
> **❸比較**
>   ○○と○○の違いは，○○である。
>   ○○と○○の似ているところは，○○である。
> **❹因果関係**
>   ○○になったのは，○○だから。
>   ○○だから，○○になった。

次に,実際の授業場面でどう指導すればよいのかを考えてみます。

　5年「流れる水の働き」の導入で,仮説を立てさせたいとしましょう。

　例えば,昔の川と現在の川の写真を見せ,気づいたことを発表させます。そのうえで,次の文章の型を示し,仮説を立てさせるのです。

> 　現在の川がこのようになったのは,流れる水には,○○の働きがあるからではないか。

　○○の部分を考えさせるわけです。
　そして,自由に運動場で川をつくらせます。
　このとき,仮説の○○の部分を視点として,子どもたちは川の働きに注目するようになります。

　学習のまとめも,「型」を例示することで,まとめ方を理解させることができます。
　例えば,3年生で影と太陽の動きを観察した後で,次のようにまとめるとよいことを示します。

> 　実験では,影は○から○に動いた。(結果)
> 　だから,太陽は○から○に動くと考えられる。
> 　　　　　　　　　　　　　　　　　　　　(考察)

これで、学習のまとめは、結果から考えたこと（考察）を書けばよいということが子どもにもよくわかります。

高学年になると、さらに詳しく学習のまとめの型を示すこともあります。

6年生で、水溶液が金属を溶かして、別のものに変化させる実験を行ったとします。子どもに、この授業でわかったことをまとめさせると、次のようになります。

> もう一度溶かしても気体は出なかった。（結果）
> もし、アルミホイルだったら、もう一度溶かすと気体が出るはず。出なかったということは、アルミホイルではなくなったということ。（説明）
> よって、最初のアルミホイルではなくなっている。
> （結論）

抜けやすいのは「説明」の部分です。ワラントとも呼ばれます。結果（事実）と結論を結びつける理由のことです。

ただし、表現の仕方を教える前に、気をつけるべきことがあります。それは、**表現する中身がないと表現はできない**ということです。

表現だけがうまくなっても仕方ないのです。

科学的な事例、具体例を多く知っているからこそ、表現力豊かにまとめられることを決して忘れてはなりません。

第6章
授業の腕磨きが
もっとうまくなる
8の技

43 実感を伴った理解を促す「演出」を考える

　生き物の観察の授業で、クマムシを扱うとします。

　クマムシは、乾眠という能力を使い、過酷な環境でも生き延びられます。また、冷凍保管されていた約30年前の南極のコケの中からクマムシを取り出したところ、息を吹き返した例もあります。

　2007年には、クマムシを宇宙空間に10日間さらす実験が行われ、クマムシは乾眠を使い、生還しました。紫外線を防ぐケースに入れられていたとはいえ、宇宙で生きていられたのは、動物でははじめてのことでした。

　宇宙から生還することがどれだけすごいことなのか。

　宇宙の様子を知っておかないと、そのすごさはわかりません。

　宇宙の様子を理解させるには、

「宇宙空間に漂って10日過ごすとしたら、何が必要か」

「宇宙と今いる場所とでは何が違うか」

といったことを考えさせなくてはなりません。

　温度、圧力、紫外線、放射線、宇宙塵、真空状態…、こういったことについて理解させていきます。

　このように、宇宙空間の過酷さに関する情報を蓄積した後で、クマムシの観察を行い、そして、宇宙から生還した

事実を教えます。

　だからこそ,宇宙空間から生還したことのすごさがわかり,実感を伴った理解につながるのです。

　このように,**理科では,「深い理解」や,「実感を伴った理解」を促すことが,ポイント**になります。
　言いかえると,そういった理解を促すための「演出」が必要になるのです。

　例えば,メダカが水中の微生物をエサにしていることを教えるとします。
　「もしみんながミジンコだったら,メダカはどれぐらいの大きさになるでしょうか？」
　このように尋ねて,実際の大きさを予想させてから,答えを示します。メダカの口の大きさとミジンコの大きさが同じぐらいですから,メダカの顔は教室いっぱいぐらいの大きさになります。あまりの大きさに子どもたちは声を上げて驚きます。そして,水中には小さな生き物がたくさんいて,メダカの餌になっているということに気がつきます。
　このように,ちょっとした演出で,実感を伴った理解を促すことができるのです。

　他の例でも考えてみましょう。
　例えば,地震の際の液状化現象を教えるとして,いきなり液状化現象の映像を見せることはしません。

まず，液状化現象を模した，おもちゃで遊ばせます。例えば，水を含んだ砂にプラスチックの玉を入れて揺らすと，玉が上に飛び出してくる様子を見せ，**液状化の原理を体験させておく**ようにします。

　その後で，液状化によって，建物が浮いてぐらぐら動いている様子や，浮き上がったマンホールの映像などを見せます。

　このように段階を踏むことで，より実感を伴った理解を促すことができるというわけです。

　また，**生活場面とのかかわりを示すことも効果的**な方法です。

　例えば，水溶液の性質の授業で，紫キャベツで様々な色

をつくらせます。

　その後で，色つきスティックのりの色が消える理由は，空気や紙に触れることで，アルカリ性の成分が弱アルカリへと変化するから起きるのだと教えます。

　すると，酸性やアルカリ性によって色が変わることを，より実感を伴って理解できるというわけです。

44 盛り上がった場面を記録して自分の理論をつくる

　盛り上がった場面とは，子どもが熱中して授業に参加した場面のことです。つまり，子どもが，自分から学びに向かう「能動的な参加」ができた場面です。

　この盛り上がった場面を記録していくことによって，だんだんと，自分なりの「理論」ができてきます。**「こうすれば授業はうまくいく」という自分の理論をもつことで，授業の腕が上がる**のです。

　さて，盛り上がる場面には，様々な種類があります。

　子どもが「知りたい」と思い，自分から追究を始めたら，その場面は盛り上がったと言えます。

　また，見た目に静かでも，熱中して思考していれば，盛り上がったと言えるでしょう。

　こういった盛り上がった場面を，簡単でもよいので，授業後に記録しておくのです。

　例えば，
　「霧，雲，湯気，白い息は，同じですか？」
と尋ねたとき，子どもたちはあれこれと熱中して意見を交わし出しました。これは，**当たり前だと思っていたことの**

中に，**実はよくわからないことが隠れていたから**，熱中して思考したのだと考えることができます。

また，振り子の周期が，振れ幅によって変わらないことを示しても，子どもは熱中して考えます。
これは，**これまでの生活経験や学習体験から培われた知識の枠組みとは違った現象を見せられ，認識にズレが生じたから**と考えることができます。

このように，「具体的な子どもの事実」と「その事実が生まれたと考えられる理由」を記録していき，どういったときに授業は盛り上がるのかの共通性を探ればよいのです。

また授業では，ある年は失敗したけど，別の年には成功した，ということが起こります。この**失敗と成功の記録を比較する**のも，自分なりの理論をつくるうえで効果的です。
　例えば，水中の微生物を観察させた際，子どもたちがなかなか見つけられなかったとします。
　そこで，次の年の実践では，先に手がかりとなる情報を与えるようにし，「こんな微生物がいますよ」と先に示しておきました。すると今度は，次々といろいろな微生物が見つかったのです。
　このことから，意図的に観察させるためには，手がかりとなる刺激（観察の視点）を与えておくべきだったことがわかるというわけです。

45 理論を自分の授業に当てはめてみる

　自分の理論をもつことも大切ですが,研究者がすでに発表している様々な理論を知ることも大切です。

　それも,理科教育に限らず,心理学や認知科学など,様々な分野の理論を幅広く学ぶ方が,授業に生かせます。

　例えば,エドワード・L.デシと,リチャード・フラストは,『人を伸ばす力―内発と自律のすすめ』(1999)の中で,他者を動機づけるには,他者が自らを動機づけるような条件を用意することが大切だとし,例えば,自己決定などの「自律性」を大切にしたときにやる気が起きる,といった理論を述べています。

　この理論を授業に取り入れられないか考えてみます。

　例えば,4年「水と空気の性質」で,空気が縮むかどうかを調べる授業で考えてみましょう。

　普通,教科書の導入では,「単元で行う活動を知り,進んで調べようとする」という目標が掲げられます。つまり導入では子どものやる気に火をつけることが大切なのです。

　理科教育について学んできた教師なら,次のような導入の工夫は比較的簡単に思いつくことができます。

> ❶空気とはそもそも何なのか，それを調べることから始める。水の中に空気を入れて見えるようにしたり，空気砲で空気を見えるようにしたりする。
> ❷遊びを取り入れて，しっかりと体験させる。
> ❸空気に対する気づきを発表させ，意見の食い違いを明確にする。
> ❹空気は圧すると縮むかどうか，意見を対立させ，意見交換させる。
> ❺生活体験の中で，どんなものに，空気を利用しているものがあるのか考えさせる。浮き輪や，ボールなどに使われていることに気づかせる。

ところが，デシのような，教育学とは毛色の異なる理論を，授業の場面で使う教師は多くありません。しかし，「自己決定で内なるやる気を引き起こす」という考え方を知っていたら，例えば，**「自分なりの方法で空気を感じさせてみる」** とか，**「空気が縮むかどうか自分なりの方法で確かめさせる」** といった方法が思いつくのです。

これは，前項で紹介した自分の実践から理論を導き出すのとは逆の考え方です。すなわち，何らかの理論から授業を考え出しているのです。このように，「理論→実践」という方向でも，授業の腕を上げることができます。

特に，認知科学や心理学の理論などを教育の場面に適用してみると，いろいろな工夫ができるはずです。

46 自分の案と
　　先行研究を比べる

　研究授業では，これまでの実践とは違った「問題提起」をすることが大切になります。

　つまり，先行研究を調べ，そして，その先行研究に足りなかった「何か」を取り入れて，進歩させなくてはならないのです。

　よって，研究授業をするなら，その単元の先行研究を数多く調べなくてはなりません。

　そして，先行研究の不十分なところを改善するよう，新しい工夫を考えていくのです。

　では，普段の授業でよい授業をつくろうと思ったら，どうすればよいのでしょうか。

　ある単元に入る前に，やはり先行研究を調べる必要があります。

　ここで，授業の腕を上げるための工夫を考えてみます。

　まず，いきなり先行研究を調べることはしません。

　そうではなく，最初に，「自分だったらこう単元を進めるだろう」という「案」を考えてみるのです。

　次に，この案と先行研究を比べてみます。

研究授業のように，数多く調べる時間がとれないこともあるので，いくつかの公開された指導案を集めます。
　自分の案と先行研究を比べることで，様々なことに気づきます。
　若いうちは，先行研究の方が自分の案よりもはるかにすばらしいと感じるかもしれません。
　結局，先行研究をそのまま追試することもあるでしょう。
　それでも自分の案を考え続けることが，授業の腕を上げることにつながるのです。

　当然ながら，子どもの実態は，教室によって違います。
　目の前の子どもたちに合った授業を考えることは，その子どもたちと授業をする教師にしかできません。
　しかも，子どもの興味関心は，コロコロと変わります。ですから，途中から先行研究が通用しないこともあります。その場合，子どもに合わせて授業を変えていかなくてはならないのです。
　授業の腕を上げるには，日常の授業を自分で考える習慣をつけておくことが大切なのです。

47 目的に応じて発問を使い分けられるようになる

発問は,子どもの思考を促すために行います。

では,何のために,思考を促すのでしょうか。

それは,**子どもに学ばせたい内容を焦点化するため**です。

学ばせたい内容を焦点化する発問には,様々な方法があります。

> ❶意見の食い違いを鮮明にする
> ❷疑問を生じさせる
> ❸子どもが気づかないことに気づかせる

❶はどんなときに使うのでしょうか。

例えば,4年「空気の温まり方」で,空気の温まり方を調べさせたとします。

調べた結果を図にかかせると,いろいろな意見が出てきました。

子どもによって違いがあるのですが,どうも子どもたちはあまり違いに気づいていません。

そこで教師が,

「温かい空気は上に上がったのかな？」
「温かい空気は上に上がった後にどうなったのかな？」
などと，違いを鮮明にする発問を行いました。

すると，子どもたちは，
「温かい空気は上にのぼって留まる」
「温かい空気はぐるぐると教室の上と下を回っている」
という2つの意見を出しました。

違いが鮮明になったわけです。

こうした子どもの意見の食い違いに気づかせ，学ばせたい内容を焦点化するわけです。

❷の，疑問を生じさせる発問とは，教師が教えたい内容に対して，疑問をもたせるわけです。

例えば，めしべやおしべなどについて教えているとき，

「チューリップの花の中身はどうなっていますか？　絵にかいてごらんなさい」

と発問します。

チューリップの花は見たことがあっても、なかなかその中まで見たことはありません。だからこそ、
　「中はどうなっているんだろう」
という疑問と、その疑問を追究したいという意欲をもたせることができるわけです。

　❸の、子どもが気づかないことに気づかせる発問は、3つの中で一番難しい発問と言えます。例えば、
「植物の葉は、上から見るとどのようについていますか？」
といった発問です。

　植物の葉は、上から見ると互い違いについています。これも、観察のときには見えているようで見えていません。言われてみて、はじめて気がつくことです。
　この発問が難しいのは、教師が理科の内容に精通していないといけないからです。科学雑誌や科学の本を読むなどの教材研究の努力が必要になります。

ここまでは，学ばせたい内容を焦点化する発問の例を紹介しました。
　発問には，他にも「思考を拡げる」「理解を深めさせる」などの目的があります。
　よい授業をしようと思ったら，それぞれの発問の考え方を学ぶ必要があります。

　ところで，よい発問ができたかどうかは，子どもの反応を見ればわかります。よくない発問だと，子どもたちは困った顔になります。反対によい発問だと，自然と話し合いを始めたり，頭をひねって思考し始めたりします。

　気をつけたいのが，誘導的な発問です。
　例えば，次の発問はどうでしょうか。
　「二酸化炭素の中でマグネシウムは燃えますか？」
　燃焼には酸素が必要であることを学んでいますから，多くの子が，二酸化炭素の中ではものは燃えないと思っています。ところが，このように，わざわざ尋ねられると，「燃えるからこそ先生は尋ねているのだろう」と予想できてしまいます。
　学ばせたい内容に焦点化するとはいえ，**あまり直接的に尋ねると，誘導的な発問になってしまうこともあるので，注意が必要**です。

48 子どもに授業改善の視点をもらう

　授業改善のヒントを，授業を受けている子どもからもらえることがあります。

　そこで，**アンケートをとるなどして，子どもの声を集めることが大切**になります。

　例えば，学年末に「おもしろかった授業はありましたか」「深く学べた授業はありましたか」などと尋ねてみるのです。アンケートを基に，「印象に残った授業ベスト10」などをつくってみてもよいでしょう。

　私の場合，「こんな理科の授業がいいな」ということを自由に書かせることもありました。

　授業改善のために，子どもの意見を聞くわけです。

　「もう少し実験を自由に進めたい」

　「難しい実験のときは，どうやったらいいのかをもう少し詳しく教えてほしい」

といった厳しい意見も出されます。

　授業の腕を上げようと思えば，このような子どもの批判も受け止めなくてはなりません。厳しい意見ほど，教師にとっては良薬になります。

子どもの学力の高まり具合も、自分の授業の良し悪しを判断する指標になります。

　例えば、3年生では「比較しながら調べる活動」を重点的に行っています。

　ということは、4年生以降では、それが当たり前にできないといけないわけです。

　ところが、4年生以降でも、子どもが比較を意識できていないことは結構あります。

　例えば、6年生の水溶液の性質の学習で、酸性雨が大理石を溶かすことを教えるとします。お酢などの、酸性雨と同じぐらいの酸性度の液体を使って、大理石を酢にひたしておくと、気泡が発生します。つまり溶けるわけです。

　このとき、大理石を酢で浸けておく実験だけでなく、もう1つ実験をしないといけません。そこで、

「この実験で酸性雨（酢）がものを溶かすことを確かめるには、あと1つ実験をしなくてはなりません。何の実験が必要ですか？」

と尋ねます。すると、意外とわかっていない子どもが多くいます。ここでは「水（もしくは蒸留水）に大理石を浸す」実験をしなくてはなりません。

　このようにして、子どもに必要な学力がついていないことがわかれば、自分の授業の反省と改善をしなくてはなりません。

49 授業の実践記録をつくる

　授業の実践記録をつくっておくと，次年度の授業づくりに生かすことができます。

　記録を基に，教材の改善を試みたり，まったく新しい授業展開を試してみたりするのです。

　文書だけでなく，写真やビデオ撮影，録音もおすすめの方法です。ただ，毎回撮影したりするのは難しいので，授業が終わったら，放課後に簡単でも記録を残しておくようにします。

　文書で記録を残す場合，後で役に立つ記録にするために大事なことがあります。それは，**授業の様子が映像で浮かぶように記録する**ということです。

　そのためのポイントが以下の3点です。

> ❶発問・指示・説明を明記する。
> ❷発問・指示の後の子どもの反応を書く。
> ❸子どもの実物資料を付け加える。

　時間と余裕があれば，次のことも押さえるとさらによいでしょう。

> ❹身につけさせたい知識や技能，態度を明記する。
> ❺授業の反省を書く。
> ❻授業技術となぜそれをするのかの説明を書く。

　❶から❻まですべてを押さえれば，他の人が読んでも追試ができるぐらい立派な記録になっているはずです。

　ちなみに私は，❻の「なぜそれをするのか」すなわち教師の意図を意識的に記録するようにしてきました。
　例えば，
「この授業は，どういう学習展開を意識したのか」
「習得・活用・探究のうち，どれを大切にし，なぜそうしたのか」
「なぜその実験方法を選んだのか」
といったようなことです。

　また，教材研究の際には，**科学の専門的な知識をメモするように**してきました。
　例えば，電気の学習についての教材研究をしたなら，現在の科学では，電気の流れる仕組みをどういうモデルで説明しているのかをメモしておくわけです。

50 新しい授業づくりに挑戦する

　新しい授業づくりには，以下のように，大きく2つの方向性があります。

> ❶「方法」が新しい
> ❷「内容」が新しい

　「方法」とは，授業の進め方や学習方法のことです。
　授業展開を工夫したり，協働的に学習を進めさせたりと，様々な工夫ができます。
　また，学習指導要領の改訂時期には，新しい方法の視点が示されることがあります。
　例えば，「アクティブ・ラーニング」や「協同学習」などです。

　協同学習なら，例えば，難しい課題を班で解決するよう導く方法を，授業に取り入れます。
　6年生の「水溶液の性質」の学習なら，いつもは導入で紫キャベツを使って体験させていたのを，単元の途中にもってきます。

つまり，ある程度，酸性やアルカリ性を教えてから，単元の途中で，レモン水や酢，重曹，洗剤などを使って様々な色をつくるという課題を与えるのです。

いつもは導入で扱っていた場面を，班で問題を解決させる場面にするというわけです。

　このように，新しい方法を取り入れようと思えば，先行実践とは違った展開をとろうとします。これが，今までよりもよい授業を生み出すことにつながるのです。

　なお，先行実践の不備を見つけ，違いを明確にするために，先行実践をしっかりと調べておかなくてはなりません。そして，自分なりの工夫を取り入れ，先行実践よりも少しでもよい結果が出るようにしていきます。

　さて，学習指導要領への改訂時期には，新しい内容が発表されることもあります。

　例えば，「プログラミング教育」です。

　新しい内容で授業を考える場合，先行実践は少ないはずです。

　そうなると，自分で教材を開発し，新しい内容をどう教えるかを自分で考えなくてはなりません。

　プログラミング教育なら，理科で何ができるかを自分なりに考えていくのです。

　例えば，何らかの動きや色，形を変えるプログラムを用意しておいて，キャラクターを動かすプログラムを考える授業です。

「…をクリックしたら，…になる」

「…を…度回転させる」

「前に…だけ移動する」

こういったコマンドを使ってキャラクターなどを動かしてストーリーをつくらせるわけです。

ここからさらに進歩させて，身の回りの生活で，プログラミングが役に立っている事例を探させてもおもしろいでしょう。

電気が自動でオンになる場所，自動でやってくれる掃除機，このような仕組みに，どんなプログラミングが役立っているのかを予想させ，調べさせるわけです。

また，新しい内容として，発展的な学習内容を扱う場合もあります。

例えば，中学年・高学年で飛行機が流行っていたことがありました。

200円ぐらいのおもちゃの飛行機を，どうやったら勢いよく，まっすぐ，遠くまで跳ばせるのか，子どもたちは毎日のように試行錯誤していました。

これなどは，まさに理科の探究学習です。

「飛行機を，まっすぐ・速く・遠くまで飛ばすにはどうしたらよいだろうか？」

プロペラがある場合とない場合，翼の折り方の違い，大きさの違い，飛行機の先端のおもりの量，翼の形など，工夫するところは山のようにあるからです。

このように，**子どもの実態や興味関心に合わせて，新しい内容の授業を考える**のも大切なことです。

引用・参考文献

- John Dewey『How we think』(D. C Heath and Company)

- 日本理科教育学会『理科教育学講座5　理科の学習論（下）』(東洋館出版社)

- 日本理科教育学会『今こそ理科の学力を問う』(東洋館出版社)

- 板倉 聖宣『増補　日本理科教育史』(仮説社)

- D. P. オースベル, F. G. ロビンソン『教室学習の心理学』(黎明書房)

- 榊原知美『算数・理科を学ぶ子どもの発達心理学』(ミネルヴァ書房)

- J. S. ブルーナー『教育の過程』(岩波書店)

- 角屋重樹・林四郎・石井雅幸『小学校　理科の学ばせ方・教え方事典』(教育出版)

- 白數哲久『児童の科学的概念の構造と構成　ヴィゴツキー理論の理科教育への援用』(福村出版)

- 内山裕之・広木正紀『プロ教師をめざす新理科教育早わかり事典』(明治図書出版)

- 大前暁政・大崎雄平「知識の活用を促す授業と教材のあり方に関する基礎的研究　小学校4年『物の温度と体積』の実践を通して」(教育実践方法学研究1(1), pp.23-32, 2015)

- 大前暁政「『進んで問題解決する姿勢』を育てる理科授業の条件　4年『物の温まり方』の実践を通して」(日本初等理科教育研究会紀要91, pp.15-23, 2016)

- 大前暁政・岡崎隼人「知識の活用力向上を意図した授業における知識活用の効果に関する研究　小学校4学年『物の温まり方』の実践を通して」(教育実践方法学研究2, pp.9-18, 2017)

- E. L. デシ，R. フラスト『人を伸ばす力―内発と自律のすすめ』(新曜社)

- 文部科学省「小学校学習指導要領」(平成29年3月告示)

おわりに

　私は現在，全国の様々な小学校と連携して，新しい理科授業づくりをしています。
　また，全国の教育委員会から依頼があり，様々な小学校の理科授業研究にかかわらせてもらっています。
　その中で強く思うことは，学校現場は，「宝の山」だということです。

　日々の何気ない授業の中で，子どもが熱中して思考する瞬間が生まれています。
　また，子どもからたくさんの疑問が出され，おもしろい問題が生まれることもあります。
　こういった，日々の理科授業の宝を記録に残し，次の年に生かしていきたいものです。

　理科の授業がうまくいったかどうか。
　それは，「子どもの事実」でわかります。
　「学力が上がった事実」
　「主体的に問題解決する姿勢が高まった事実」
　「生命を尊重する態度が身についた事実」
　こういった事実をとらえることが大切になります。
　難しいのは，知識や技能などの目に見える学力以外の，目に見えない学力をつかむことです。

例えば,「主体的に問題解決する姿勢が高まったかどうか」を何で判断するのか。それを考えておかないと,子どもの事実はつかめません。

　もちろん,「教師の実感」も大切にすべきです。理科授業を一年間通して行っている教師が,「手応えを実感した」なら,それはそれで意味のあることです。

　さて,子どもの成長の事実をとらえたうえで,次のように自問してみます。

　「この事実は,一体どういう理由で生じたのだろう」

　このように自問し,その答えを考え続けると,授業の腕は飛躍的に向上していきます。

　日々の授業で見つかった,ちょっとした子どもの変化。それを記録しつつ,「どうしてこの事実が生まれたのか」を考え,また記録するのです。

　子どもの成長の事実が生まれた背景には,必ず,確かな授業技術や指導方法が隠れています。

　本書では,そのような技術や方法を数多く紹介しました。理科の授業がさらにうまくなるには,技術や方法を「意識する」ことが絶対に必要になります。

　本書が,読者諸兄の理科授業に役に立てばこれに勝る喜びはありません。

2017年5月

大前　暁政

【著者紹介】

大前　暁政（おおまえ　あきまさ）

岡山大学大学院教育学研究科修了後，公立小学校教諭を経て，2013年4月京都文教大学准教授に就任。教員養成課程において，教育方法論や理科教育法などの教職科目を担当。「どの子も可能性をもっており，その可能性を引き出し伸ばすことが教師の仕事」ととらえ，現場と連携し新しい教育を生み出す研究を行っている。文部科学省委託体力アッププロジェクト委員，教育委員会要請の理科教育課程編成委員などを歴任。理科授業研究で「ソニー子ども科学教育プログラム」入賞。

〈著書〉

『残業ゼロで，授業も学級経営もうまくなる！　若手教師のための「超」時間術』『スペシャリスト直伝！　理科授業成功の極意』(以上明治図書)，『必ず成功する！　授業づくりスタートダッシュ』(学陽書房)，『仕事の成果を何倍にも高める　教師のノート術』(黎明書房)，『忙しい毎日を劇的に変える仕事術』(学事出版)，『たいくつな理科授業から脱出する本』(教育出版)

など多数。

理科の授業がもっとうまくなる50の技

2017年7月初版第1刷刊	ⓒ著　者	大　前　暁　政
2019年1月初版第3刷刊	発行者	藤　原　光　政
	発行所	明治図書出版株式会社

http://www.meijitosho.co.jp
(企画)矢口郁雄　(校正)大内奈々子
〒114-0023　東京都北区滝野川7-46-1
振替00160-5-151318　電話03(5907)6701
ご注文窓口　電話03(5907)6668

＊検印省略　　組版所　長野印刷商工株式会社

本書の無断コピーは，著作権・出版権にふれます。ご注意ください。

Printed in Japan　　ISBN978-4-18-273510-3
もれなくクーポンがもらえる！読者アンケートはこちらから →